das weisse buch

le livre blanc

Das weisse Buch

L'auteur remercie : ses assistants et compagnons,
qui lui permettent de vivre une vie exempte de tout souci.
En particulier : Julius Caesar, Giacomo Casanova,
Arnolf E. Horaz, Christian Kracht, Novalis
et Arthur Rimbaud.
L'éditeur remercie : les traducteurs,
qui sont vifs comme l'argent et solides comme un bâton.
En particulier : pour ce livre,
qu'ils ont trouvé et formidablement mené à bon port.
Impression : CPI Bussière – Ebner & Spiegel, Ulm.
Conception d'après une maquette de
Patricia Woerler-Horzon
pour REDESIGNDEUTSCHLAND, Berlin.
ISBN 978-2-917084-35-9

LE LIVRE BLANC
DE RAFAEL HORZON

par lui-même

traduction par
Jörg Stickan et Sacha Zilberfarb

ATTILA

On rêve bien ou pas du tout. Il faut apprendre
à être éveillé de la même manière,
bien ou pas du tout.

Friedrich Nietzsche

CHAPITRE I

Grand silence. Je traversais une place déserte bordée d'arcades. Les sombres voûtes ombragées contrastaient avec les arcs lumineux des façades. Huit chemins menaient en étoile vers un pavillon au milieu de la place. Je flânais sur l'un de ces chemins en fredonnant. Soudain, à quelque distance de moi, j'aperçus un objet par terre. M'approchant, je vis qu'il s'agissait d'un portefeuille. Décidément, c'était mon jour de chance et je me précipitai. Un portefeuille plein à craquer, avec des billets vert et marron qui dépassaient sur les côtés. Arrivé devant le portefeuille, je jetai un dernier regard à la ronde, puis me baissai. J'allongeai le bras, lentement, comme au ralenti, pour artificiellement prolonger ce moment délicieux, je fermai même les yeux, je souris, peut-être même que dans ma joie, un filet de bave s'échappa de la commissure de mes lèvres. Puis je me ruai...

sur le gravier ! Surpris j'ouvris grand les yeux : le portefeuille s'était envolé. Me retournant, je vis, debout derrière un buisson, un petit garçon dodu qui écarquillait les yeux. À la vitesse de l'éclair il tira vers lui le portefeuille attaché à un fil, le ramassa et détala. La petite hélice sur sa casquette tournait au vent. Son rire retentit dans la place vide. On eût dit le cri d'une mouette. D'une mouette d'acier. Le garçon disparu, j'allai vers le pavillon, y entrai, m'assis sur l'un des bancs et me mis à pleurer. Des heures durant. Jusqu'à ce que la place ne fût plus qu'un océan de larmes.

Je me réveillais toujours à ce moment-là. Ce jour-là comme les autres. Je retournai mon oreiller mouillé de larmes et attrapai le petit calepin que j'avais acheté à mon arrivée à Paris et qui ne quittait jamais ma table de nuit. Y était écrit dans une belle écriture anglaise : « Journal de Rêves ». Je l'ouvris et feuilletai les pages noircies : cent vingt-cinq nuits, cent vingt-cinq fois le même rêve : portefeuille, je lus... plein à craquer, je lus... garçon dodu, je lus... cri d'une mouette.

Cent vingt-cinq fois ! Ridicule ! Étais-je donc à ce point obsédé par l'idée de faire fortune ? Furieux, je balançai le calepin dans un coin. Pour Sigmund Freud le journal de rêves faisait peut-être sens. Pour moi, c'était une simple perte de temps.

Comme je repoussais ma couverture pour m'extraire du lit, quelques livres que j'avais lus avant de m'endormir dégringolèrent par terre. *Les Chants de Maldoror* de Lautréamont dans la précieuse édition princeps de 1868, *Crime et Châtiment* de Dostoïevski, le dernier numéro de *Playboy*, *Le Gai Savoir* de Nietzsche, *Le Loup-garou de Paris* de Jack London.

Mon regard tomba sur le réveil de voyage posé sur ma table de nuit : quinze heures déjà ! Je me levai d'un bond, me cognai à la pente de la mansarde, tombai sur le côté, heurtai du coude le brûlant réchaud à gaz qui me servait à chauffer ma chambre de bonne, poussai un cri perçant et finis par m'agripper à l'évier fixé au mur juste à côté de mon lit.

Soit dit en passant, je viens de dresser l'inventaire complet de mon logis. C'était là tout ce qu'il y avait dans les deux mètres carrés et demi de ma chambre de bonne que je louais à une vieille dame pour quelque cinq mille marks par mois.

Je gardai sur moi le pull-over en laine gris et le pantalon de lin blanc que j'utilisai aussi comme pyjama et enfilai mon duffle-coat bleu marine, que je m'étais acheté parce que je le trouvais furieusement français. Puis je me précipitai dans le couloir. Avec prudence j'enjambai le gros type qui ronflait devant la porte de mon voisin, une rose rouge sur le ventre. Après quoi je dévalai les six étages de l'escalier de service en sifflant *La Marseillaise* à tue-tête. Devant la bouche de métro je m'achetai un croissant et un chocolat chaud que j'emportai dans la rame. Une demi-heure plus tard, j'arrivai à la fac.

L'auditorium était bondé. De tous côtés les étudiants des deux sexes piaillaient avec excitation dans l'attente du grand spectacle hebdomadaire. Au milieu de la scène trônait un pupitre en bois de santal, si haut que même les derniers rangs étaient obligés de faire le long cou pour voir l'orateur. Derrière le pupitre, un rideau de velours bordeaux, haut de huit mètres, s'étirait sur toute la largeur de la scène. Je jetai un coup d'œil sur la montre de mon voisin, moi-même – cela va sans dire – n'en portant pas : seize heures pile.

Un nabot assis au bord de l'estrade, l'appariteur, se leva et, de son bâton deux fois plus haut, que lui frappa trois grands coups sur le plancher, marquant entre chacun un silence solennel. La lumière de la salle s'éteignit. Silence dans l'assemblée.

À présent des loupiotes encastrées dans le plancher de la scène s'allumèrent, illuminant comme une promesse le rideau de velours. Mon cœur battait la chamade. Le pupitre aussi était éclairé d'en dessous. Suivirent encore quelques minutes interminables. On entendait les mouches voler.

Puis, soudain, le rideau s'ouvrit sans un bruit, et par le milieu, il apparut, LUI : Jacques Derrida.

Sans en faire des tonnes, il gravit majestueusement les marches vers le pupitre. Son visage, éclairé d'en dessous au moyen d'une liseuse, fit l'effet d'un phare rayonnant d'une immense sagesse.

Pendant un long moment Derrida fixa sans mot dire la salle obscure. Il plissa ses yeux puis, les écarquillant d'un coup, dit en appuyant sur chaque mot : « Le – Soleil – est – froid! »

Outré je bondis de mon siège, remontai des deux mains mon béret que ma précipitation avait fait glisser devant mes yeux et, dans un français sans une pointe d'accent, m'écriai d'une voix agréablement claire : « Mais, maître, comment serait-ce possible ? Hier encore j'étais aux Tuileries et j'y ai pris le soleil, et le soleil était chaud ! *Ce n'est pas possible.* Que diantre ! »

Derrida cligna des yeux avec fureur et fixa l'auditoire, couvrant la liseuse de ses mains afin de voir quel imbécile osait ainsi l'interrompre. Mais à peine eut-il compris qu'il s'agissait de moi, son disciple favori, qu'un sourire magnanime parcourut son visage : « Patience, cher ami. Asseyez-vous, je vais vous expliquer ! »

Derrida parla longtemps, d'une voix calme et posée, et je bus ses paroles. « Le Soleil, dit Derrida, réchauffe les choses de ses rayons. Les choses touchées par ses rayons se réchauffent. Toute chose est chaude, car elle reçoit les chauds rayons du Soleil. Toute chose reçoit ses rayons qui réchauffent, toute... sauf une. Le Soleil lui-même. La seule chose qui ne reçoive pas les rayons chauds du Soleil, c'est le Soleil. Le Soleil est froid, cqfd. »

Abasourdi je quittai l'auditorium. Je n'avais jamais entendu semblable chose. Car s'il était vrai que le Soleil n'était pas chaud, mais froid – et le maître venait d'en faire la magistrale démonstration – alors les autres vérités pouvaient tout aussi bien se révéler incertaines. Alors, le noir pouvait être aussi blanc, et l'obscur clair. Alors, le sens pouvait être un non-sens et le non-sens faire sens. Alors, une boutique de papier peint pouvait aussi être une université. Une chèvre un maître-nageur. Qu'une chose fût vraie ou fausse, bonne ou mauvaise, laide ou belle, ne se trouvait pas dans la chose elle-même – comme je l'avais lu la veille encore avant de m'endormir ! – mais était inscrit dans le marbre par des hommes à coups de règles et de définitions pour empêcher tous les autres de penser par eux-mêmes.

Pour les mettre au pas.
Pour les mener par le bout du nez !
Comme un troupeau de moutons !

Mais à partir de ce jour ces règles tyranniques n'auront plus aucune valeur pour moi. À partir de ce jour, tout me sera permis. À partir de ce jour, moi seul déterminerai comment voir le monde. Comment le vivre.

Troublé et enivré par cette pensée indiciblement radicale, je traversai le Quartier latin en fredonnant. Au bord de la Seine je montai sur une barge, coupai les amarres et me laissai glisser sur l'eau à travers le Paris nocturne. Passant devant un cinéma, je sautai du bateau, non sans avoir détaché de la poupe la bannière tricolore pour la jeter sur mon épaule.

Le cinéma passait *L'Éclipse* d'Antonioni. Je pleurai tout au long du film, de la première à la dernière minute. Je me reconnaissais en tout ! Les tours en béton flambant neuves et vides : c'était moi. Le point de rendez-vous entre Monica Vitti et Alain Delon, un baril de pluie se remplissant goutte après goutte : encore moi ! Puis le dernier plan du film, un lampadaire ultramoderne luisant seul dans le brouillard : moi.

En larmes, titubant, je rentrai chez moi et tombai dans un sommeil profond, sans rêve.

CHAPITRE 2

Ainsi s'écoulèrent mes mois à Paris. Le matin, je passais le plus clair de mon temps assis sur la terrasse du Café de Flore à boire un expresso après l'autre, le petit doigt écarté, gratifiant de rires hystériques les blagues des clowns qui passaient de terrasse en terrasse.

L'après-midi je me promenais.

« Si tu as la chance de vivre jeune homme à Paris, me disais-je chaque fois à voix haute, alors, tu porteras cette ville en toi pour le restant de tes jours. »

Le soir, je prenais des cours de danse boulevard Raspail.

Un après-midi, assis sur le rebord de la fenêtre de ma chambre de bonne pour prendre le soleil, je remarquai sur le trottoir d'en face une caravane. Pour être précis, je l'avais déjà remarquée plus tôt, car elle s'y trouvait depuis quelques semaines, mais ce jour-là seulement j'aperçus le défilé de gens qui y entraient pour en sortir vingt ou trente minutes plus tard.

Piqué de curiosité, je reposai mon livre – *Le Manuel de fabrication du sucre* de Stohmann –, enfilai mes sandalettes rouges et descendis. Arrivé devant la caravane, je constatais qu'elle était couverte d'autocollants en forme d'étoiles argent et or. À côté de la porte d'entrée était accroché un écriteau : *Signora Sarasate, voyante*. Une diseuse de bonne aventure ! Ni une ni deux, je me jetai sur la porte pour entrer sans frapper : précaution superflue chez une voyante, me sembla-t-il.

Signora Sarasate fut tellement surprise que la tasse de moka qu'elle était en train de porter à ses lèvres faillit lui échapper des mains. Elle me perça d'un regard furieux. Puis, s'efforçant de reprendre contenance, elle reposa la tasse sur la soucoupe avec un léger cliquetis et me dit d'une voix effroyablement caverneuse : « Buongiorno, mon fils ! Vous désirez ? »

« Buongiorno, signora, répondis-je avec le plus bel accent piémontais, j'ai vu votre écriteau dehors et j'aimerais me faire prédire l'avenir ! Savoir si je vais réussir dans la vie ! »

« Très bien. Entre, mon petit. Veux-tu un moka ? Il est chaud, fort et me vient de ma Géorgie natale. »

Je m'assis à sa table, elle me prit la main et son visage s'approcha tout près du mien. Son haleine exhalait une odeur de café et de nicotine. Son puissant parfum, Paco Rabanne, le même que celui de tonton Rolf d'Acapulco, me donna le tournis. Je pris peur et me mis à pleurer un peu.

« Écoute, mon petit, dit Signora Sarasate de sa voix caverneuse, ce que je vais te dire est très important. Cela va déterminer toute ton existence. Tu m'écoutes ? »

« Oui, Signora, murmurai-je, effrayé, j'écoute. »

« Eh bien, voici ma prédiction, ou plutôt... mon conseil : n'essaie jamais de courir plus vite que les autres. Tu ne parviendras jamais au but avant eux ! Choisis-toi un but connu de toi seul et tu seras le premier arrivé, quand bien même tu traînerais des pieds ! » À cet instant elle marqua une pause, fermant les yeux comme pour goûter encore un peu au sel de ses paroles. Puis, abruptement, elle rouvrit ses paupières et me cria dessus : « Et maintenant file ! J'ai fini ma journée. » Ce disant, elle désigna la pendule : dix-sept heures pile. Je remarquai la barbe qui perçait sous son maquillage.

« Je vous dois combien ? » bredouillai-je.

« Niente, niente, refusa-t-elle, è stato un piacere, et maintenant fiche le camp, je suis pressée. »

Déconcerté, je sortis de la caravane en chancelant. Sans la quitter des yeux, je traversai la rue et m'assis sur un banc à l'ombre d'un platane.

Pendant un temps, rien ne se passa.

Au bout d'une dizaine de minutes, la porte s'ouvrit. Un homme sortit vêtu d'un élégant costume anthracite, un porte-documents en cuir noir et luisant sous le bras. Il jeta un regard méfiant autour de lui, ferma la caravane à clé, puis s'engouffra hâtivement dans une petite rue perpendiculaire.

« Parbleu », murmurai-je en me levant d'un bond. Ce gros nez crochu ! Mais, c'était Signora Sarasate ! Je traversai la rue au pas de course et la suivis pendant une bonne vingtaine de minutes jusqu'au boulevard Saint-Germain.

Bien qu'elle courût presque, j'arrivais si bien à lui filer le train que les effluves de son parfum parvenaient par intermittence jusqu'à mes narines : Paco Rabanne ! Plus de doute possible !

Nous arrivions près d'un hôtel particulier quand Signora Sarasate ralentit son allure. Devant le porche en grès, elle s'arrêta un court instant, rajusta son costume, puis, se donnant du courage, franchit le porche et se dirigea d'un pas excessivement énergique vers l'entrée du palais.

« Bonsoir, monsieur le Ministre » s'écrièrent les gardes en uniforme, claquant des talons en guise de salut. Signora Sarasate les ignora royalement, monta en sautillant les cinq marches de l'entrée et disparut à l'intérieur.

Ministère de la Défense, indiquait la plaque de laiton polie sur le porche. Quelle histoire : le ministre français de la Défense une gitane géorgienne ! Encore une fois, personne ne voudrait me croire, ni mes amis de la rue de Fleurus, où je prenais des cours de français, ni ceux de la Sorbonne. Je décidai qu'il valait mieux garder cet incident pour moi et n'en parler à personne.

Sur ce, d'un pas léger, je m'en retournai en sifflotant dans mes pénates afin d'aller chercher mon appareil-photo. Je m'étais acheté un petit Leica avec lequel je photographiais des ponts, rien que des ponts. J'avais transformé ma chambre de bonne en chambre noire, ce qui avait été chose aisée. Il avait suffi d'obturer l'unique fenêtre à l'aide de mon tapis berbère, de poser l'agrandisseur sur la table de nuit et les trois cuves de développement sur le lit. Des nuits durant je développai des photos de ponts.

Mon atlas des ponts complet et mon français perfectionné, je fis mes valises et partis pour Munich.

CHAPITRE 3

J'eus tôt fait de dénicher un appartement dans le quartier de Glockenbach. Dans la cour, juste sous ma fenêtre, se trouvait l'atelier du relieur Wanninger. Tous les matins à cinq heures précises, ses machines se mettaient à couiner et tambouriner. Ainsi en ce jour de printemps. Impossible de refermer l'œil. J'enfilai gaiement mes sandales rouges, jetai ma longue écharpe de soie sur mes épaules et m'en fus au Jardin anglais.

Sur la butte du Monoptéros je vis assis dans l'herbe un homme longiligne occupé à tresser une couronne de boutons d'or.

« Qui êtes-vous et que faites-vous là ? » demandai-je avec curiosité.

Il me toisa avec un intérêt tout relatif, puis se retourna vers sa couronne de fleurs en murmurant : « Scire volunt omnes, mercedem solvere nemo [1]. »

Dieu merci j'avais profité de mon séjour parisien pour rafraîchir mon latin, ainsi je pus lui rendre la politesse : « Novarum rerum cupidus [2] ! »

« Felix, qui potest rerum cognoscere causas [3] » répliqua-t-il en soupirant.

Comprenant à cet instant que j'avais à faire à un vieux sage, je lui dis : « A bove maiore discit arare minor [4]. »

1. Tous veulent savoir, mais nul ne veut payer le prix.
2. Je suis avide de choses nouvelles !
3. Bienheureux celui qui peut connaître l'origine des choses.
4. C'est du vieux bœuf que le plus jeune apprend à labourer.

« Taurum tollet, qui vitulum sustulerit[5] ! » répondit le savant homme. Il se leva et se coiffa de sa couronne de boutons d'or.

« Semper aliquid ad discendum est[6] » confirmai-je avec un peu trop d'entrain.

« Inspice, felix eris[7] ! » me promit-il.

En guise d'adieu je voulus lui crier encore quelque parole particulièrement aimable : « A te sudor abest, saliva mucusque[8] ! »

Mais le professeur Foin avait déjà disparu derrière une haie.

Les mois suivants, j'assistai donc au séminaire du professeur Foin, le seul homme à l'extérieur du Vatican qui parlât couramment le latin. « Salve magister ! » – « Salve discipuli », ainsi en allait-il jour après jour quand le professeur pénétrait dans la salle drapé de sa toge blanche, une lyre dorée dans sa main gauche. Des subtilités grammaticales furent disputées. Gerundium et gerundivum distingués. Les Métamorphoses d'Ovide récitées en hexamètres. Les premières semaines cela m'amusa. Puis cela m'irrita. Puis me déprima. L'ennui s'insinua. J'étais en sous-régime. Un jour que nous récitions Pline le Jeune en chœur, je me levai en m'écriant, exceptionnellement en grec ancien : « Anegnon, egnon, kategnon[9] ! » Et sur ces mots je gagnai la sortie. « Sapientia non est in litteris sed in rebus[10] ! » lançai-je en guise d'adieu au moment de refermer pour toujours la porte du séminaire du professeur Foin.

5. Qui l'a porté veau le portera taureau.
6. On n'a jamais fini d'apprendre.
7. Regardez de près, et vous serez heureux.
8. Tu ignores la sueur, la salive et la morve.
9. J'ai lu, j'ai compris, j'ai rejeté !
10. La sagesse n'est pas dans les lettres, mais dans les choses.

À la gare centrale de Munich une affiche publicitaire attira mon attention : « Viens... à Berlin ! » s'étalait en lettres géantes sur un panorama nocturne de la ville éternelle, ville lumière, qui selon le vieil adage ne dort jamais. « Peut-être est-ce là le bon endroit pour aller au fond des choses » pensai-je. Sitôt dit sitôt fait : j'achetai mon billet et partis.

À l'époque le quartier de Berlin-Mitte était encore un vaste champ de ruines. Après la guerre, les habitants ne s'étaient pas embarrassés à reconstruire leurs maisons bombardées. Ils s'étaient contentés de démonter les vitrines brisées des boutiques, de murer les ouvertures et de s'y installer pour vendre des croûtons de pain, les bris de leurs fenêtres et du lait en poudre. Pendant quarante-cinq ans. Puis arrivèrent des jeunes gens de l'Ouest, qui prirent possession des boutiques et des appartements vides pour y vendre à leur tour, à d'autres jeunes gens débarquant à Berlin, des boissons.

Le bar où je me rendis le premier soir n'était rien d'autre qu'un ancien appartement meublé, abandonné en l'état depuis au moins vingt ou trente ans. Un beau jour, un étudiant curieux y était entré par effraction et s'était mis en tête d'en faire un bar. L'endroit n'était éclairé que par sept bougies. Dans la cuisine un Noir vendait des alcools avec des rondelles de citron. Les clients fumaient vautrés dans des canapés poussiéreux. D'autres prenaient des livres dans l'immense bibliothèque laissée par les anciens occupants et les feuilletaient en roulant de grands yeux.

Un autre endroit, un garage rempli jusqu'au plafond de pièces de rechange électroniques, était tenu par un Hawaïen qui passait tous les soirs, à la file, ses cent dix-sept versions du standard *Caravan*. Il avait planté de gros cornichons dans les douilles des lampes, qui diffusaient une faible lumière verte.

Mais plus encore je raffolais d'un immeuble de la Auguststrasse. Au rez-de-chaussée les nouveaux maîtres des lieux avaient bricolé une petite arène avec du bois de toiture et adossé tout autour des sortes de réduits. Lorsqu'on refermait la porte d'un réduit derrière soi, un minuteur de cuisine s'enclenchait, ouvrant un judas dans la cloison. Je payai pour dix minutes, m'installai dans un de ces réduits et regardai dans l'arène à travers le judas. Deux hommes nus aux cheveux longs apparurent. L'un prit un arrosoir et s'arrosa d'abord, puis aspergea l'autre, d'un épais liquide brunâtre. Ensuite tous les deux s'étalèrent mutuellement le liquide sur le corps en faisant claquer leur langue comme il est d'usage chez certaines peuplades primitives. J'étais drôlement impressionné.

Chaque soir, à Berlin, un nouveau lieu ouvrait où l'on passait généralement toute la nuit. Le jour, on récupérait de la fatigue.

À cette époque je passais le plus clair de mon temps dans un jardin abandonné de la Steinstrasse. Dans la remise à outils, une de mes amies, Joy Wagner, officiait comme disc-jockey, parfois trois jours d'affilée, sans interruption. Question d'héritage, sans doute. Bien qu'elle ne parlât jamais de ses origines, elle ne voyait pas d'inconvénient à ce que le patron du lieu, les jours où elle passait des disques, affichât une vieille photo sur laquelle toute sa famille pose devant la Villa Wahnfried. Son père, Wolf-Siegfried, n'était alors qu'un bambin; plus tard il allait devenir l'un des plus grands promoteurs immobiliers de Majorque.

Un jour j'avais trouvé sous un matelas gonflable devant mon immeuble une caméra vidéo. J'en profitai pour tourner deux films avec Joy, avec dans le rôle principal son gros chien de chasse Ben. Le film d'action *Superclebs*, pour lequel nous l'avions revêtu d'un costume rose bonbon, était indiscutablement un chef-d'œuvre. Nous enchaînâmes aussitôt avec *L'Étalon brun*, western où Ben trotte à travers Berlin-Mitte, un chapeau de cow-boy sur la tête et une selle sur le dos. Nous organisâmes des soirées cinéma dans l'appartement de Joy, et bientôt il n'y eut littéralement plus personne à Berlin-Mitte qui n'eût encore vu nos films.

Le hasard, en la personne de Christian Jankowski, fit que ces films furent visionnés quelques années plus tard par Harald Szeemann, le plus puissant commissaire d'expositions du monde. Il voulut aussitôt faire projeter *Superclebs* dans le cadre d'une exposition. Mais entre-temps j'avais déjà décidé de devenir entrepreneur, et, craignant pour ma réputation, je lui envoyai mon livre *La Troisième Voie* accompagné d'un refus poli.

Joy n'était pas enchantée, car après tout elle n'était pas entrepreneur et avait bien envie de continuer à montrer ces œuvres. Nous coupâmes donc mon nom des génériques, et depuis lors ces films circulent en tant qu'œuvres exclusives de Joy.

Ma nouvelle vie à Berlin-Mitte était tellement excitante qu'elle aurait pu aisément me faire oublier que j'étais encore étudiant. Mais j'étais d'une nature assidue et consciencieuse : pour apprendre plus et plus vite qu'à Munich, j'avais choisi à Berlin une nouvelle filière et rédigeais désormais des exposés sur les films de Godard et les écrits de Malaparte. Je fus couvert de récompenses. Sur le tableau d'affichage de la salle d'honneur de l'université l'on pouvait lire que j'étais l'étudiant le plus brillant de toute la faculté.

Mais au bout de quelques mois, force me fut de constater que cette université et ces études n'étaient pas faites pour moi. J'étais de plus en plus malheureux. Mes yeux vitreux. Mes mouvements nerveux. J'étais en sous-régime. Le cursus traînait en longueur. Mon ennui me désespérait tellement que je recommençai même à pleurer pendant mon sommeil.

Puis vint ce jour qui allait donner une tournure entièrement nouvelle à mon existence.

J'étais assis chez moi, devant mon secrétaire, occupé à trier une montagne de timbres triangulaires à motif d'avions, quand le facteur sonna. Le recteur de l'université me conviait à une réunion d'information dans le Grand Amphi. La réforme du parcours universitaire devait être rendue publique. Je me parfumai, enfilai ma cape de pluie et pédalai jusqu'à l'université. Au dernier rang, tout en haut des gradins, je trouvai une place. Tout en bas, près d'un rétroprojecteur, le recteur annonçait d'une voix de crécelle le nouveau règlement. Désormais les études dureraient non plus six, mais huit mois ! Je n'en croyais pas mes oreilles. Une colère noire s'empara de moi. À croire que ces études, qui s'épuisaient sur des points de détails absolument dérisoires, n'étaient pas déjà assez pénibles ! Sous ma tablette traînait une bouteille d'eau à moitié pleine qu'un étudiant avait dû oublier. Je saisis la bouteille en plastique, visai, dans le mille. Le recteur la reçut en pleine figure.

Choqué par mon geste, je restai tétanisé sur ma chaise, la bouche entrouverte. La salle se retourna vers moi comme un seul homme et me scruta du regard.

« Levez-vous et descendez » ordonna le recteur.

Sous le choc tous se turent. Hésitant je descendis les quatre-vingt-dix-sept marches, à chaque pas mes sandales vernies rouges grinçaient horriblement, supplice aggravé par le fait que toutes les trois marches au moins je lâchais de peur un léger vent qui, dans le silence de mort où la salle était plongée, ne pouvait hélas guère passer inaperçu. Je me retrouvai devant le recteur.

« Je vous écoute » fit-il.

Hébété, je penchai la tête de côté et le regardai bouche cousue.

« Je vous écoute ! N'avez-vous rien à me dire ? » s'écria de nouveau le recteur.

Je commençai à entrevoir qu'il attendait des excuses de ma part. Mais incapable que j'étais de prononcer le moindre mot, je ne fis que fixer sur lui mes yeux exorbités. C'était ma timidité maladive sans doute qui m'avait coupé la parole.

« C'est à devenir fou !, hurla le recteur, soyez dans mon bureau demain à quatorze heures ! »

Sans dire un mot je fis demi-tour, glissai dans ma bouche un bonbon à la sauge et sortis.

Quand j'arrivai à quatorze heures précises, il était assis dans un magnifique fauteuil en cuir rouge foncé derrière son imposant bureau de recteur, et triait des dossiers. Lorsqu'il m'aperçut, il enleva ses lunettes, me transperça du regard, puis remit ses lunettes et froufrouta dans ses dossiers.

« Vous savez ce que c'est ? » demanda-t-il en brandissant une feuille de papier.

Je secouai la tête.

« Alors, je vais vous le dire : une at-tes-ta-tion d'ex-ma-tri-cu-la-tion. Je peux la signer... et vous serez exclu de l'université sur-le-champ, ou bien... » Ici le recteur marqua un silence éloquent, puis continua sur un ton plus amène : « ... ou bien la jeter, tout simplement ! Et tout est oublié. Je vous l'avoue : je serais navré de devoir me séparer de l'étudiant le plus talentueux de mon université. Cela ne dépend que de vous. Cela ne dépend que de ce que vous allez me dire. Alors... ? » À ces mots le recteur afficha un sourire crispé et me tendit les mains.

J'avançai de quelques petits pas jusqu'à toucher le bureau du recteur. Je m'appuyai des deux mains sur le bord de la table, me penchai aussi loin que possible, frôlant presque le visage du recteur, et dis d'une voix basse et enrouée : « Ça... m'est... mal. »

« Comment ? » demanda-t-il en reculant subitement comme s'il avait mal entendu.

« Je suis... froid. Au ventre. »

J'étais parti pour dire quelque chose de complètement différent, quelque chose de conciliant, et voilà que m'échappaient ces inepties !

En sortant j'entendis crisser une gigantesque plume d'oie. Le recteur signait mon renvoi.

Cela dit, il ignorait que devant la porte m'attendait Sophia, sa fille. Lors d'un dîner chez le recteur, je lui avais fait un clin d'œil et, à la seconde, elle s'était follement éprise de moi. Me voyant sortir du bureau de son père, elle bondit de sa chaise et me sauta au cou. Nous allâmes prendre une glace au Venezia, mangeâmes deux énormes banana-split débordant de chantilly, puis rentrâmes dans mes pénates. Sept fois je lui fis l'amour cette nuit-là. Une tornade de forces élémentaires m'emporta dans le royaume de la volupté.

27

Ce fut, et je le dis non sans fierté, ma première nuit avec une femme. Il faut dire que je n'avais que vingt-trois ans.

Je revois aujourd'hui encore les lettres se tortiller sur le t-shirt que Sophia avait gardé sur elle tout au long de ces sept longues heures. Une fois le t-shirt séché et repassé, elles formaient ces trois mots : « Université de Berlin ».

CHAPITRE 4

Le lendemain matin je me mis à ma machine à écrire et composai mon énième feuille de route pour une nouvelle vie. Quelle voie prendre ? La voie universitaire menait au désespoir, je l'avais toujours pressenti. Et grâce à ma superbe prestation au Grand Amphi, cette voie-là était désormais définitivement écartée.

La deuxième voie ? Depuis toujours mes amis, avec lesquels j'aimais à évoquer les grandes questions de la vie, me donnaient un même conseil : « Fais comme nous, rejoins le monde de l'art. La vie réelle est banale et commune ; l'art, c'est beau, c'est sympa et drôlement intéressant. »

Ce n'était pas du tout ma vision de choses. Un : littéralement toutes les personnes que j'avais rencontrées à Berlin étaient des artistes. Toutes. Il n'était que logique que je ne voulusse point devenir à mon tour un artiste de plus. Deux : à mes yeux, l'art était tout sauf sympa et intéressant. Après avoir lu attentivement trois fois de la première à la dernière page les *Entretiens avec Marcel Duchamp* de Pierre Cabanne, je ne voyais plus aucun intérêt à vouloir continuer de démontrer qu'il suffisait de déclarer qu'une chose est de l'art pour qu'elle le soit effectivement : boîtes de soupe, aspirateurs, requins – tout cela n'était qu'une resucée de *Fontaine*, l'urinoir que Duchamp avait déclaré œuvre d'art en 1917. Aujourd'hui encore, malgré mon grand âge, je ne m'explique pas l'énergie déployée génération après génération par ces jeunes gens pour rabâcher inlassablement çette même idée. Quant à moi, je n'avais nullement l'intention de recycler des idées rebattues. *Stultus es, rem actam agis!* comme dit Plaute. Tu es fou de faire ce qui a déjà été fait!

Plus incompréhensibles encore m'étaient du reste les nombreux artistes que je rencontrai alors. Tous ressortaient des oubliettes la peinture huile sur toile. Même si nous sommes toujours amis, et même si leurs tableaux les rendirent bientôt mondialement célèbres, ce qu'ils faisaient me laissait et me laisse toujours perplexe. Je ne voyais pas la moindre différence avec les peintres de Montmartre que j'avais vus, installés devant leur chevalet, expédier pour les touristes des vues romantiques de Paris. Tout cela était dépassé. Et pas seulement la peinture à l'huile. L'idée même de l'art, estimais-je, était devenue obsolète.

L'oracle de Paris, Signora Sarasate, me revint à l'esprit. Je ne devais pas suivre la voie estudiantine. Je ne devais pas suivre la voie artistique. Je devais suivre la Troisième Voie. Le but à atteindre était la Nouvelle Réalité.

Ces pensées fondamentales une fois tapées, j'introduisis une nouvelle feuille de papier. Il n'y avait pas de temps à perdre. Il fallait sans plus attendre s'engager dans la Troisième Voie.

Deux secteurs me parurent particulièrement ad hoc, probablement parce qu'ils étaient aux antipodes de l'art: la science et l'économie.

La science d'abord. J'y avais déjà goûté. Une farce. J'allais la libérer de l'esprit obtus des scientifiques. D'un geste ample censé rappeler *Faust*, acte I, j'ouvris les fenêtres de mon bureau, laissai entrer le bruit de la rue et entamai une œuvre monumentale, *Le Compendium du savoir* : la totalité du savoir de l'humanité résumée en un seul livre. Pendant trois jours et trois nuits j'écrivis d'une traite. Le quatrième jour, je relus le tout, déchirai les pages et me jetai en larmes sur mon lit : sans aide extérieure, sans argent, sans assistance, une entreprise aussi titanesque n'avait aucune chance d'aboutir. Je décidai de m'adresser aux plus hautes instances afin de solliciter leur soutien. Mon choix fut vite arrêté sur trois destinataires : le ministère fédéral de l'Enseignement supérieur et de la recherche à Bonn. Le Collège scientifique de Berlin. Le Centre de recherches en technologies de mesure par résolution spatiale, le FOM[1].

À tous trois j'écrivis mot pour mot la même lettre. Pour donner plus de poids à ma demande, je pris le nom de Dr John Horz, l'un des innombrables changements de nom auxquels j'ai procédé au cours de ma longue existence. Il s'agissait en outre de protéger la réputation de ma famille. Car, si j'escomptais bien récolter la gloire, il se pouvait aussi que cette nouvelle voie, que nul autre avant moi n'avait jamais suivie, se soldât par un cuisant échec et fît honte au nom qui est le mien. Tant qu'à faire, mieux valait en changer…

Cette labilité nominale m'avait été donnée au berceau. J'avais reçu de mes nombreux oncles et parrains rien de moins que six prénoms. Enfant déjà, j'y piochais à ma guise, au gré des circonstances : si nous étions en voyage en Espagne, je me faisais appeler Rafael. En Italie Carlo. En France Gaston. Ce prénom me venait d'un ancêtre, l'artiste peintre mondialement célèbre Gaston Lente. Pourquoi mes parents

1. Forschungsstelle für ortsauflösende Messtechnik (Ndt).

m'avaient-ils donné tant de prénoms ? Par excentricité et amour débordant, je suppose. Personnellement j'aurais voulu m'appeler Felix. Mais il est bien plus difficile de changer de prénom que de nom de famille. À peine avais-je par exemple commencé à me faire appeler *Henry* ou m'étais-je présenté à une danseuse étoile sous le nom de *James* qu'un vieil ami passait par hasard et me tapait sur l'épaule en m'appelant *Rafael*, me démasquant aussitôt.

Plus tard, je fus aussi contraint de renoncer à *John* et dus me contenter de mon vrai prénom. Mais pour l'heure j'étais John. « Dr John Horz », c'était le nom parfait pour le scientifique archi-ambitieux et archi-prolifique que je me destinais à être. Je m'achetai une grande paire de lunettes, verres ovales, correction zéro, monture argentée, et retournai devant ma machine à écrire pour rédiger à l'attention des trois institutions la lettre stylistiquement impeccable qui suit :

Berlin, le 17 *juillet* 1994

Mesdames, Messieurs,
Par la présente je souhaiterais vous faire part
d'un projet auquel je me consacre
depuis un certain temps : Le Compendium du savoir.
Sur mille pages ce Compendium résumera
(en 100 *chapitres, avec de nombreuses photographies)*
la totalité du savoir de l'humanité.
Ce Compendium agrègera l'intégralité
des connaissances scientifiques
en un système connexe.
Pour la finalisation de ce projet,
en d'autres termes sa publication,

je vous prierais de bien vouloir
m'accorder votre soutien financier,
ou tout du moins de me communiquer
les conditions d'obtention de ladite aide financière.
Cordialement,
Dr John Horz

Les réponses à cette lettre drôlement bien tournée ne se firent pas attendre. Le premier à répondre fut le Centre de recherche en technologies de mesure par résolution spatiale, le FOM :

Cher Monsieur Horz,
Votre lettre a retenu toute notre attention.
Malheureusement nous ne pouvons donner suite à votre demande d'aide financière. Nous sommes une association à but non lucratif, elle-même financée par des aides publiques, et ne pouvons allouer nos fonds que pour des activités stipulées par nos statuts.
En vous souhaitant bonne chance pour la réussite de votre ambitieuse entreprise,
Cordialement,
Norbert Groth, ing-dipl.
Président

Je déchirai la lettre avec rage. Dès le lendemain je reçus la réponse du Collège scientifique de Berlin :

Cher Dr Horz,
Nous vous remercions de votre courrier daté du 17 juillet 1994. Malheureusement, je suis dans l'impossibilité de donner une suite favorable à votre demande.

En tant que Institute for Advanced Study, le Collège scientifique invite chaque année à Berlin une quarantaine d'éminents scientifiques étrangers, toutes disciplines confondues, pour un séjour de recherche de dix mois. Pour obtenir une bourse ou un soutien financier, vous devriez vous adresser ailleurs. Toutefois, au vu de la nature de vos projets, je ne vois pas vraiment à qui.
Faisant appel à votre compréhension,
Bien à vous,
Pour la direction du Collège,
Katharina Bieger

Pleurant de rage, je me jetai à terre quand soudain l'on frappa à la porte : le facteur m'apportait une nouvelle lettre, la réponse du ministère fédéral de l'Enseignement supérieur et de la recherche à Bonn. Impatient, je déchirai l'enveloppe et lus :

Cher Dr Horz,
Le 17 juillet 1994 vous avez soumis un « projet » au ministère fédéral de l'Enseignement supérieur et de la recherche. Toutefois, vous l'avez présenté d'une façon si succincte qu'il nous est impossible d'en évaluer la teneur et les moyens qu'il nécessite. Un tel flou dans la description exclut de facto *tout examen en vue d'une aide financière. Par ailleurs, il semblerait que votre projet consiste à présenter sous une forme singulière le savoir existant, il relève par conséquent davantage d'une maison d'édition que du ministère.*
Cordialement,
Dr Wilhelmi

Cette lettre, je la lus et relus. Je la pliai, la remis dans son enveloppe, la ressortis, la dépliai et la relus encore une fois avec la plus grande attention. Puis je la posai précautionneusement sur mon secrétaire en acajou et me dis à moi-même : « Qui que puisse être ce Dr Wilhelmi, homme, femme ou satyre, cette personne a raison. Je dois écrire à un éditeur. »

Je me calai consciencieusement dans mon luxueux fauteuil de bureau, glissai une nouvelle feuille dans la machine à écrire et rédigeai pour la quatrième fois la même lettre, que j'adressai cette fois aux éditions renommées *Volk und Wissen*, i.e. *Peuple et Savoir.*

Dès le lendemain je reçus par coursier une réponse de Dr Becher, le directeur commercial de la maison d'édition :

Cher Dr Horz,
Nous vous remercions pour votre proposition.
Les quelques lignes par lesquelles vous esquissez le contenu du Compendium sont cependant insuffisantes pour nous en donner une idée précise.
Nous feriez-vous parvenir une table des matières ainsi qu'un court extrait ?
Cordialement
Dr Becher,
Directeur commercial

Je ne laissai rien paraître, mais intérieurement j'exultais. Je tourbillonnai autour de mon secrétaire en acajou, faisant claquer mes sandales et murmurant en cadence : « Peuple et Savoir, je vais les avoir ! Peuple et Savoir, je vais les avoir ! », quand soudain les lumières s'éteignirent dans tout l'appartement.

C'est que j'avais cru bon de mettre mes chers parents au courant de mon projet de Compendium du savoir. Pour tout dire, je leur avais envoyé la même lettre qu'aux trois institutions scientifiques, leur demandant poliment de bien vouloir me communiquer « les conditions d'obtention d'aide financière ». J'y avais ajouté un post-scriptum à la main mentionnant mon exmatriculation. À la suite de quoi, du jour au lendemain, mes parents avaient mis fin à mon virement mensuel. À la suite de quoi, j'avais cessé de payer les factures d'électricité. À la suite de quoi je me retrouvai dans le noir.

Mais cette obscurité n'en était pas moins qu'un symptôme, les enjeux véritables étant ailleurs. Cette obscurité n'était pas seulement révélatrice de l'arbitraire de la compagnie d'électricité. Cette obscurité symbolisait la fin de mon insouciante vie d'étudiant, la fin du paiement du loyer et des ardoises aux restaurants, la fin des vacances prolongées et des voyages d'études.

Assis seul dans ma cuisine de plus en plus froide et sombre, je composai la complainte qui suit :

Adieux séjours linguistiques à Nice et à Cannes,
Sur les plages de Capri, de Brighton et de San Sebastián.

Mais aussi, adieu Compendium du savoir ! Sans aide financière, mon projet ambitieux était voué à l'échec. Ma deuxième lettre aux éditions *Volk und Wissen* demeura sans réponse. Ne me reste aujourd'hui qu'une petite trentaine de photographies dont je comptais illustrer les cent chapitres de mon Compendium, témoignage dérisoire de ma puissance créatrice et de ma soif de reconnaissance.

Ma nouvelle carrière scientifique conforme à la Théorie de la Troisième Voie devait ici s'interrompre pendant plus de deux ans. Mais rétrospectivement, je n'y ai rien perdu. J'y ai même gagné :

Sæpe via obliqua prêstat quam tendere recta : il est souvent préférable de prendre une voie détournée plutôt que d'aller tout droit.

Et la meilleure des voies détournées, c'est la Troisième Voie.

CHAPITRE 5

Pour la première fois de mon existence, il me fallait gagner ma vie. Sauf que je n'avais aucune idée de comment m'y prendre.

Lors d'une promenade sur Unter den Linden, j'aperçus un attroupement de personnes qui se pressaient, gesticulant et lançant leur chapeau, devant une gigantesque affiche. Intrigué, je me frayai un chemin à travers la foule agitée et je lus : « Recherchons coursiers. Les candidats sont priés de se présenter aujourd'hui à quinze heures à la poste centrale, service colis. »

Quelques heures plus tard, au service colis de la Tucholskystrasse, je remettais mon échantillon d'urine à un postier en uniforme bleu. L'on me fit passer encore dans une pièce du fond faiblement éclairée pour me soumettre à un test de daltonisme, la confusion rouge/vert étant fréquente à l'époque. Une fois avéré que je n'étais ni malade ni daltonien, je reçus de la main de l'infirmière une petite fiche griffonnée « Rendez-vous demain matin, six heures trente, au centre de formation pour coursiers. »

Là, au 55 de la Skalitzer Strasse, je commençai dès le lendemain matin ma formation complète pour devenir livreur de colis de la Deutsche Post.

Nous, aspirants coursiers, dûmes d'abord apprendre par cœur la totalité des codes postaux d'Allemagne. Puis nous fûmes entraînés à l'écriture des numéros de téléphone. Je compris assez vite qu'il s'agissait essentiellement de séparer les numéros par groupes de deux ou trois chiffres. Cette formation me parut si utile et je l'ai si parfaitement intériorisée qu'aujourd'hui encore, malgré mon grand âge, je suis affligé de voir certains numéros de téléphone incorrectement subdivisés, et ce parfois même sur les cartes de visite de grands banquiers ou hommes politiques.

Mon périmètre de livraison comprenait cinq rues du quartier de Prenzlauer Berg. La première semaine je fis ma tournée accompagné de mon prédécesseur, un homme blanchi sous le harnais. Il avait livré des colis pendant plus de soixante-dix ans et il était fou de joie à l'idée de prendre sa retraite. Mais avant cela, il devait encore m'initier aux secrets du métier de coursier. Lesquels secrets se réduisaient au conseil, règle d'or, de ne jamais monter de colis au-delà du deuxième étage et de toujours se contenter de glisser dans la boîte aux lettres le petit carton orange d'avis de passage. Technique qui dans le jargon des coursiers s'appelle le « cartonnage ».

Lorsque mon maître d'apprentissage fut convaincu que j'avais assimilé cette leçon essentielle et maîtrisais le cartonnage aussi bien que n'importe quel coursier berlinois, il me serra la main, me pinça le lobe de l'oreille et prit congé. Et sa retraite par la même occasion.

Après quoi je fis mes tournées seul.

Circonstance défavorable, mes débuts à la poste coïncidèrent avec l'ouverture d'une nouvelle boîte dans la Auguststrasse. Joy Wagner et sa copine Nina y avaient loué une salle sans porte. Il fallait, pour entrer dans la boîte, passer par la fenêtre en montant sur une chaise posée sur le trottoir.

Sur les murs étaient suspendus cinq mille cintres en fil de fer provenant d'un pressing et recouverts d'une peinture fluorescente. La seule source de lumière était une lampe à rayons ultraviolets.

Sur les murs les cintres luisaient. L'endroit s'appelait *Le Bar du Cintre*.

Nous étions occupés à clipper les derniers des cinq mille cintres aux murs quand quelqu'un tambourina à la fenêtre d'entrée. J'ouvris : dehors se tenait un homme vêtu d'un costume à fines rayures. C'était Judy Lybke, qui venait d'installer sa galerie d'art à une centaine de mètres et n'allait pas tarder à faire fortune avec les tableaux de la Nouvelle École de Leipzig.

« Qu'est-ce que vous faites ? » demanda-t-il intrigué.

« On fixe des cintres aux murs ! »

« Ah, d'accord ! Ça a de la gueule ! Très intéressant. Très moderne ! À plus ! »

Penchés par la fenêtre pour lui faire au revoir de la main, nous constatâmes que le galeriste excentrique ne portait pas de chaussures. Au bout de quelques pas, il se baissa et arracha une touffe d'herbe d'une fente du trottoir pour la mettre à sa boutonnière.

Le centre de tri où ma tournée commençait le matin et s'achevait le soir était situé Tucholskystrasse, dans l'immense bloc d'immeubles qui relie la Ziegelstrasse à la Oranienburger Strasse. Quelques années plus tard, deux clubs branchés y élurent domicile, le WMF et le 103. Sur leur piste de danse – immobile comme toujours –, la mélancolie m'envahit parfois au souvenir qu'ici même, à cette place précise, j'avais chargé naguère ma voiture postale jaune avant de partir pour ma tournée en sifflotant gaiement.

Et à deux pas de là était le Bar du Cintre. À peine ma tournée terminée, je me trouvais devant la fenêtre d'entrée, puis au bar. Et comme escalader la fenêtre devenait un exercice de plus en plus périlleux à mesure que la soirée avançait, je finissais la plupart de mes nuits au Bar du Cintre à rire et à chanter, et au petit jour je me rendais directement au centre postal.

Ma série d'accidents commença au mois de mai. J'avais fini livraisons et cartonnages et roulais sur la Auguststrasse en direction de la Tucholskystrasse pour ramener mon véhicule au centre. Devant moi se trouvait un car de touristes d'environ trois cents mètres de long qui, allez savoir pourquoi, avait décidé de s'engager dans la particulièrement étroite Gipsstrasse. Impatient comme j'étais à l'époque, je décidai de ne pas attendre et de prendre plein pot la Augustrasse en marche arrière pour rejoindre le centre par un autre chemin. Naturellement sans perdre mon temps à jeter un œil dans le rétroviseur.

Mon véhicule s'en sortit à peu près sans dommages, mais la voiture derrière moi fut totalement défoncée. Retenant mon souffle, je restai dans ma voiture et attendis. Je n'ai jamais compris pourquoi l'autre conducteur, plutôt que de sortir pour me passer un savon, préféra poser à la hâte un gyrophare sur le toit de sa voiture, faire demi-tour et repartir sur les chapeaux de roues.

Je réfléchis un instant et fis de même. Appuyant à fond sur le champignon, je retournai à toute allure jusqu'au centre postal, où je vérifiai ma voiture. Le pare-chocs arrière était tordu vers le haut. Je lui donnai quelques coups de pieds rageurs pour le remettre d'aplomb quand le chef du parc-autos apparut. « Mais qu'est-ce que vous faites, espèce de chien enragé ! » s'écria-t-il en claudiquant vers moi. Surpris, je lâchai le pare-chocs et murmurai quelque chose à propos d'un plot que je n'avais pas vu dans le rétroviseur. Le chef regarda mon pare-chocs, puis moi. Après quoi il s'éloigna clopin-clopant. Il avait visiblement gobé mon histoire. Mais la graine de la méfiance était semée.

Le deuxième accident eut lieu à peine quelques jours plus tard. Après avoir, comme chaque matin, escaladé la fenêtre du Bar du Cintre et rejoint mon lieu de travail d'un pas mal assuré, je chargeai ma fourgonnette et fonçai à tombeau ouvert jusqu'à la Jablonskistrasse. C'était la première des cinq rues qui m'étaient attribuées. J'eus bientôt tout loisir de constater qu'elle était de surcroît l'une des cinq rues les plus étroites de tout Berlin.

Chose que malheureusement la conductrice du monstrueux tricycle motorisé engagé en sens inverse dans la Jablonskistrasse ne savait pas. Je m'en revenais tranquillement de ma distribution de cartons orange, quand je la vis, elle et son véhicule, à l'arrêt au milieu de l'étroite chaussée.

« Hé, coursier, me cria-t-elle par-dessus le boucan de sa machine pétaradante, je ne peux pas passer ! Serrez à droite ! »

Je m'exécutai de bonne grâce. Malin que j'étais, je laissai la grande portière coulissante droite grande ouverte, ce qui eut pour effet d'élargir mon encombrante fourgonnette d'encore vingt bons centimètres.

Je serrai donc à droite – pas assez pour la conductrice. Un peu plus à droite – toujours pas assez ! Je serrai encore plus à droite – elle leva les mains au ciel d'un geste désemparé : toujours trop étroit !

Je braquai rageusement à droite toute, appuyai à fond sur l'accélérateur et entendis alors ma portière grande ouverte défoncer d'abord trois ou quatre ailes de voitures, puis tomber.

Pour ne pas rendre la situation plus compliquée qu'elle ne l'était déjà, je sautai de la voiture, ramassai la portière et la balançai à l'arrière. Sur quoi je me rendis dare-dare chez un ami, possesseur d'une grosse boîte à outils. Cinq heures plus tard, le mécanisme coulissant était réparé. Je ne sais plus quelles salades j'ai servies ce soir-là au chef au sujet des rayures sur la portière. Tout ce dont je me souviens, c'est qu'il ne m'a pas cru.

Mon troisième accident, quelques semaines plus tard, se passa à la vitesse de l'éclair et avec une précision clinique. Je rentrais – à fond de train – à la centrale, tout à la joie de mon repos vespéral bien mérité. Ce jour-là, j'avais distribué pas loin d'une centaine de cartons orange et j'étais vraiment épuisé. Je tenais dans la main gauche un verre de limonade, dans la droite des mots croisés et dans la bouche une pipe. Je roulais à toute vitesse sur la Greifswalder Strasse tracée au cordeau, quand soudain, sans crier gare, surgit devant moi un chantier. Trop tard pour freiner, j'eus tout juste le temps de donner un bon coup de volant. Ma présence d'esprit sauva le plus gros de la voiture, excepté le rétroviseur droit qui dépassait outre mesure. Il fut, pour ainsi dire, décapité par la grille métallique.

Je pilai d'un coup sec, hésitai un instant à sortir pour ramasser le rétroviseur sectionné, puis appuyai à fond, et moteur hurlant fonçai droit vers le centre de tri. Droit dans les bras de mon chef. Mon chef aimait nos fourgonnettes, et par-dessus tout leurs rétroviseurs. Ils étaient équipés d'un système de dégivrage et d'un réglage électronique commandé par une petite manette fixée sur le tableau de bord.

« Ces rétroviseurs électroniques chauffants valent une fortune ! hurla le chef. Ça va chercher dans les quatre mille marks ! »

Il avait l'air très énervé et, tout en braillant, il essaya d'attraper mon oreille droite, sans doute pour mieux me faire comprendre le bon fonctionnement d'un rétroviseur électronique chauffant. « Encore un accident, et vous êtes viré ! » hurla-t-il hors de lui.

J'observai avec intérêt le chef qui fulminait, puis les trois petits câbles qui pendaient hors du trou de la carrosserie, là où en temps normal était fixé le rétroviseur. Une fois de plus, mon excessive timidité m'empêcha de prononcer le moindre mot. Mais j'avais compris une chose : à l'avenir je devais conduire en redoublant de prudence.

C'est pourquoi le lendemain matin, au sortir de ma nuit blanche, ayant escaladé tout tremblant la fenêtre du Bar du Cintre, je commençai par aller chez le boulanger d'en face, y bus quatre ou huit tasses de café, puis me rendis à pas traînants au centre de tri en posant précautionneusement un pied devant l'autre. Je montrai une grande application dans le chargement des paquets, vérifiai à plusieurs reprises avant de démarrer le bon fonctionnement du rétroviseur électronique chauffant, réparé pendant la nuit, puis quittai la centrale en roulant au pas. Ma tournée me prit ce jour-là quatre fois le temps habituel. Je gardai les yeux rivés en permanence sur le rétroviseur chauffant, clignotai avant chaque virage et fis même attention aux cyclistes et aux personnes âgées qui croisaient ma route. J'étais si appliqué que j'allai même jusqu'à livrer quelques colis m'obligeant à monter au troisième ou quatrième étage !

À midi déjà j'étais épuisé au point de ne plus pouvoir aligner deux idées à la suite. Stoppant devant un magnifique immeuble de la Winsstrasse et titubant vers la porte d'entrée chargé de mon colis, j'eus néanmoins encore assez de vivacité d'esprit pour remarquer que le nom inscrit sur le paquet, Natascha Glowny (ou bien était-ce Glawny ?), eh bien, je le lisais cette semaine pour la sixième fois ! Et à cet instant me revint que cette très belle Madame Glowny ou Glawny m'avait cette semaine déjà cinq fois, pas moins, ouvert sa porte revêtue d'un simple peignoir, noyée dans un nuage de vapeur et d'effluves parfumées. Et à cet instant il me revint que la veille cette Madame Glowny ou Glawny m'avait gentiment proposé d'entrer un instant pour faire une petite pause ! « Entrez donc et prenez un verre d'eau, vous avez l'air épuisé, mon pauvre ami ! » avait-elle dit tout en faisant un signe de tête en direction de la chambre à coucher où j'avais aperçu un immense lit couvert d'oreillers et d'édredons moelleux. Et moi, si peu versé encore dans l'art d'interpréter les signaux émis par le beau sexe, je m'étais contenté de répondre en toute honnêteté : « Merci beaucoup, il me reste encore du jus de pomme dans ma fourgonnette. »

Mais ce jour-là j'étais si fatigué, si épuisé, que je comptais bien profiter sans fausse pudeur de la situation ! À peine la jeune et belle Madame Glowny m'avait-elle ouvert sa porte dans un nuage de vapeur, que je passai en trombe devant elle, arrachai mes habits et me jetai sur le lit, avec une seule idée en tête : dodo ! Dans ce gigantesque lit merveilleusement douillet ! Puis, black-out.

Quand je me réveillai, il faisait nuit dehors. Madame Glawny était étendue à mes côtés, la tête appuyée sur sa main droite, et me regardait en souriant. À mon grand effroi, elle était dans le plus simple appareil !

« Que s'est-il passé ? » m'exclamai-je en essayant de me redresser, mais Madame Glowny posa sa main sur mon épaule, et tendrement me repoussa sur le lit.

« Psssst... tout va bien, tout va bien... » susurra-t-elle, puis elle me proposa une cigarette très longue et très fine : « Je n'ai que ces cigarettes ridicules pour femmes. »

« Depuis combien de temps suis-je là ? » demandai-je après avoir tiré quelques bouffées et tout en admirant les boucles brunes qui ondulaient doucement autour de son fin visage.

« Sept ou huit heures, sourit-elle. Et maintenant dis-moi où tu as appris tout ça... »

« Comment ça ?... Appris quoi ?... Que voulez-vous dire ? » demandai-je, en toute innocence. Mais je croyais déjà soupçonner ce à quoi elle faisait allusion. Ma lecture clandestine de *Lady Chatterley* sous ma tablette pendant le séminaire du professeur Foin n'avait, semblait-il, pas été totalement inutile.

« Tu sais bien, tu sais très bien, mon très vilain garçon... » chuchota Madame Glawny en caressant ma joue du bout de son index.

« C'est de ça que tu parles ? » m'écriai-je en la renversant avec fougue, et je fis son bonheur avec une hardiesse folle, à faire rougir Lady Chatterley en personne.

Tard dans la nuit j'arrivai au centre de tri, garai soigneusement ma fourgonnette, et gagnai la sortie à pas feutrés, soulagé à l'idée que ma tournée, grâce à ma conduite prudente, se fût passée sans la moindre anicroche. De plus, j'étais quelque peu épris.

J'étais en train d'ouvrir la porte quand j'entendis brailler à l'autre bout du parking : « Venez un peu par ici ! » Au même instant d'immenses spots s'allumèrent, illuminant toute la cour d'une lumière de plein jour. Effrayé, livide, je me retournai en plissant les yeux vers les spots gigantesques.

« Venez un TOUT PETIT instant ! »

Mes yeux eurent bientôt fait de s'habituer à la lumière aveuglante et je reconnus l'homme qui braillait inutilement près de ma fourgonnette dans un mégaphone surdimensionné. C'était, pouvait-il en être autrement, le chef du parc-autos.

« Pouvez-vous m'expliquer ceci ? » hurla-t-il à mon approche en pointant du doigt l'immense portière arrière de ma fourgonnette. Effaré, je regardai vers le point que désignait mon chef. En haut de la porte arrière droite de ma grande fourgonnette jaune, à trois mètres, s'ouvrait un trou béant de la taille d'un melon, voire d'un médecine-ball, orifice frangé d'une touffe en fibre de verre.

Tiens donc, pensai-je, la carrosserie de ma fourgonnette est faite de matières synthétiques et de fibre de verre. Comme à l'accoutumée je fus infichu de prononcer le moindre mot. Ce grand trou ne me disait absolument rien. Tout ce que je savais, c'était qu'il mettait un point final à ma carrière à la Deutsche Post.

CHAPITRE 6

En rentrant chez moi au petit matin, je décidai de ne pas pleurer pour une fois. J'avais certes encore compromis un avenir radieux, car tôt ou tard mes talents prodigieux de cartonneur m'auraient sûrement valu une promotion au rang de coursier-chef, mais même chef, je n'aurais jamais fait fortune.

Surtout, j'étais nouvellement amoureux : « Les femmes sont une chose merveilleuse, me disais-je à voix haute. Plus merveilleuse encore que l'argent ! » En m'endormant, je décidai de rendre visite à Madame Glowny dès le lendemain matin pour me faire remonter le moral.

Cette nuit-là, je fis de beaux rêves. Passé les épisodes obligés – portefeuille, fil, cris de mouette –, j'eus l'heureuse surprise de voir apparaître Madame Glawny me faisant des choses dont je ne soupçonnais même pas l'existence.

Je me réveillai vers trois heures de l'après-midi, pris un bain et me rendis aussitôt d'un pas léger à la Winsstrasse chez Madame Glowny. Je gravis les deux étages, rajustai ma tenue, puis sonnai.

La porte s'ouvrit, laissant apparaître… un monsieur !

« Qui êtes-vous ? » m'écriai-je furieux.

« Dr Glawny ! répondit Dr Glowny non moins furieux. Et vous, qui êtes-vous ? »

« Le livreur de colis, pardi ! » fis-je, ce qui, somme toute, n'était pas loin de la vérité.

« Allons donc ! s'exclama Dr Glawny arborant un sourire supérieur. Dites un peu, le colis, où est-il, monsieur le livreur ? »

Désemparé, je baissai les yeux, fouillai les poches de mon pantalon durant de longues minutes, inspectai soigneusement les paumes de mes deux mains, puis levai les yeux vers le Dr Glowny et dis : « Dimenticato ! »

Dr Glawny brandit une cravache et la fit siffler dans ma direction. Je l'évitai de justesse.

« Déguerpissez et ne revenez plus jamais dans les parages, cria-t-il. D'ailleurs, nous sommes dimanche, crétin ! »

Il n'avait pas tort. Le dimanche il n'y a pas de livraison de colis. N'empêche, je me sentais traité comme un pouilleux. Je pris la ferme résolution de rendre un jour la monnaie de sa pièce à ce Dr Glowny.

De retour chez moi, je vidai la boîte aux lettres pour la première fois depuis des semaines. Il faut dire que j'avais depuis quelques temps transféré mon domicile au Bar du Cintre. Parmi moult mises en demeure et autres lettres de menace, je tombai sur une lettre de ma tante de Baden-Baden. À l'instant même où je découvrais dans l'enveloppe une épaisse liasse de billets, il me revint à l'esprit qu'à cette tante aussi j'avais fait part quelques mois plus tôt de mon projet de *Compendium du savoir*, lui demandant à elle aussi de bien vouloir me communiquer les conditions d'obtention d'une aide financière. Et comme un bonheur n'arrive jamais seul, tantine y avait carrément ajouté la clé de son vieux coupé sport qui dormait depuis huit ans dans un garage à Karlsruhe. Je courus sur-le-champ à la gare m'acheter un billet première classe et partis.

Sur le chemin du retour, quelque part sur l'autoroute entre Karlsruhe et Berlin, je pris une décision hardie : je poursuivrais ma carrière scientifique conformément à la théorie de la Troisième Voie. Mais pas seulement avec un livre, dût-il faire date comme le *Compendium du savoir*, non : je visais l'université. Il allait de soi que je ne retournerais pas à mon ancienne faculté. Je ne serais plus étudiant. Je deviendrais recteur. Recteur de l'université dont je serais le père fondateur !

Des larmes de vénération me montèrent aux yeux devant ce projet courageux, tandis que je fonçais sur le Kaiserdamm. Las, il devait se passer plus d'un an avant de voir ce projet se concrétiser.

Car j'étais versatile. Sans cesse de nouvelles idées me traversaient l'esprit. Passant devant la vitrine d'une célèbre galerie, je ralentis. S'y trouvait exposée en tout et pour tout une carriole en bois. Fatalement, je pensai à *L'Âge d'or* de Buñuel, où une carriole en tous points semblable déboule dans une salle rococo au milieu d'un banquet. Mais autre chose me captivait présentement : était-ce vraiment si simple ? Suffisait-il vraiment d'exposer un objet dans une galerie pour que ce soit de l'art ? Cela valait la peine de tenter l'expérience. Il n'y avait qu'à fixer devant un local choisi au hasard un panneau « Galerie », y mettre des objets choisis au hasard et attendre de voir si par hasard quelqu'un était prêt à vous en offrir argent et reconnaissance.

Laissant ces réflexions flotter à la dérive, je tournais sans but dans Berlin-Mitte, quand j'aperçus soudain un immense bâtiment qui autrefois avait dû être une splendeur, mais n'était désormais plus qu'une ruine. Des ouvriers étaient occupés à jeter à travers les chambranles sans vitres des poutres et des gravats dans la cour intérieure.

Fasciné, je descendis de la voiture et me frayai un chemin parmi les débris. Les murs de la cour étaient ornés de haut en bas de faïence colorée. Près d'un porche conduisant vers une deuxième arrière-cour surgirent deux étudiants vêtus de façon remarquable. Tous les deux arboraient une moustache. Le premier portait des bottes en caoutchouc jaune et un imperméable en plastique rouge à pois blancs. Bien qu'il ne plût pas, il avait noué fermement sa capuche et ressemblait à une amanite tue-mouches. Le second étudiant portait une casquette, ou plus exactement la visière jaune transparente d'une casquette. Avec cela un bermuda bleu, des chaussettes de sport blanches, des chaussures bateau et un polo jaune pastel. Sur ses épaules il avait jeté un pull rouge dont les manches étaient nouées sur sa poitrine. À ma vue, ils s'approchèrent. Le plus petit des deux, celui à l'imperméable rouge, escalada les débris qui jonchaient le sol et s'avança dans ma direction tout en faisant des signes effrénés de la main à grand renfort de « Salut ! » et de « Eh, toi ! »

Arrivé à ma hauteur, il me tendit la main gauche avec un sourire. Je la saisis et la serrai chaleureusement. Ce faisant, je constatai que sa moustache se décollait d'un côté et lui pendait par-dessus la commissure des lèvres. C'est alors que je remarquai que cette moustache était en jean. Je fus drôlement surpris.

« Bonjour, fit l'étudiant qui essayait de recoller sa moustache. Je m'appelle Reimo, et lui, là-bas, c'est Franz ! » L'autre étudiant à moustache jean me tendit la main à son tour. Il arborait en outre une paire de lunettes en écaille dont l'un des verres était couvert d'un sparadrap couleur chair. « Nous sommes la Jeans Team, expliqua-t-il en modulant sa voix d'une manière peu naturelle. Nous sommes musiciens ! »

Je les trouvai peu ordinaires et voulus bien me promener avec eux à travers les nombreuses cours qui composaient l'ensemble.

« Vous savez où nous sommes ? » leur demandai-je.

« Tout à fait, ce sont les Hackesche Höfe, dit Franz. Avant elles étaient magnifiques, et aujourd'hui elles doivent retrouver leur lustre d'antan, mais cela coûte naturellement *beaucoup beaucoup d'argent* ! »

Aux mots « beaucoup beaucoup d'argent ! » il fit frotter sous mon nez son index contre son pouce en affichant une mine de conspirateur. Je ne compris pas ce qu'il voulait dire, mais cela m'intrigua.

« Nous comptons louer une salle de concert ici, dit Reimo. On y fera de la musique et d'autres trucs modernes. Ensemble, tu comprends ? Mais le proprio est introuvable ! »

Nous sortîmes de ce labyrinthe côté Rosenthaler Strasse. L'immeuble attenant avait lui aussi une grande arrière-cour. Nous y découvrîmes un escalier qui menait à un gymnase souterrain. Le lieu était à louer. 500 marks par mois. Nous signâmes le bail sur-le-champ.

Le lendemain je retournai au gymnase avec quelques amis, Franz et Reimo firent de même, nous étions dix personnes en tout. Nous prîmes place sur les tapis de gym qui étaient encore sur le sol, puis j'exposai à tous mon projet :

« Appelons ce gymnase *Galerie Berlintokyo* et exposons des artistes japonais ! »

Tous trouvèrent la proposition rudement intéressante, mais je perçus quelques réticences. Reimo finit par dire :

« Mais nous ne connaissons pas d'artiste japonais ! Toi oui ? »

« Peu importe, fis-je. Inventons ces artistes et accrochons *n'importe quoi* aux murs. »

Les autres furent conquis. Un tonnerre d'applaudissements éclata. Tous étaient emballés, quoique pour des raisons très diverses.

Mon projet consistait à démontrer par le biais d'artistes japonais fictifs que l'idée d'art était obsolète. Reimo et Franz projetaient de présenter leur musique nouvelle pendant les vernissages de ces artistes japonais fictifs. Nina et Joy projetaient de vendre des boissons lors de ces performances, le Bar du Cintre étant sous le coup d'une fermeture administrative. Tom et Peer estimaient que la galerie serait l'endroit idéal pour passer leurs films. Jakob se réjouissait déjà à l'idée de gérer les recettes engendrées. Et Lars et Lutz, de toute façon, ne disaient jamais rien. À l'époque nous les prenions pour des développeurs de logiciels qui avaient fait fortune aux États-Unis. Quelqu'un – il se peut même, allez savoir, que ce fût moi – l'avait laissé entendre un jour, puis les autres avaient fait fonctionner le téléphone arabe. Bien plus tard nous apprîmes que c'étaient en vérité des artistes qui réalisaient des toiles monumentales représentant des avions et des sacs de ciment.

Les semaines suivantes, nous nous occupâmes de vendre les agrès qui traînaient encore dans le gymnase, de blanchir les murs et de couler un nouveau sol. Reimo avait cousu une immense enseigne ronde en jean sur laquelle des rivets argentés formaient les mots *Galerie Berlintokyo*. La porte d'entrée fut peinte en pink, et l'enseigne vissée dessus. Une chaîne hi-fi fut achetée, un mur vidéo de seize écrans édifié, des flyers imprimés et la presse informée de l'ouverture prochaine d'une galerie japonaise à Berlin. Elle s'empara immédiatement du sujet. Tous les grands titres avaient déjà publié de longs papiers avant même l'ouverture. Je refusais les demandes d'interview adressées à Masahiro Sugimoto, le premier artiste exposé. « Monsieur Sugimoto évite le public, nous vous prions de respecter ce choix » répondais-je aux journalistes d'un ton tranchant.

J'avais emprunté le nom de Masahiro Sugimoto à un copain japonais avec qui j'avais autrefois suivi à Rome des cours à l'école de langues Torre di Babele.

Dans le curriculum vitae présenté à l'occasion de la première exposition, l'on pouvait lire que l'artiste, né en 1972, avait fait ses études à l'université Chiba de Tokyo et était une étoile montante au Japon. Heureusement pour nous, Internet n'était pas encore inventé.

Or donc, de quoi l'exposition de ce génie fictif était-elle composée ? L'on y voyait un sèche-cheveux, un fait-tout, un petit téléviseur, une cafetière électrique, un grille-pain – en un mot, tout mon équipement ménager, soigneusement disposé sur des estrades blanches et professionnellement éclairé par des spots. Les seules acquisitions nouvelles étaient une paire de baguettes japonaises et une fiole de saké.

Franz et Reimo avaient même baratiné avec succès une jeune Japonaise, rencontrée dans la Rosenthaler Strasse, pour qu'elle vienne préparer des sushis lors du vernissage. Tout devait avoir l'air parfaitement authentique.

Vint la soirée d'inauguration.

Fruit de notre excellent travail de communication, vingt heures avaient à peine sonné que d'interminables files d'attente se formaient déjà devant notre galerie. Le tout Berlin était venu. Christoph Schlingensief se recueillit devant les pièces exposées. Rainald Goetz vint, vit, rit et prit des notes. Alec Empire se tenait dans un coin, les paupières fardées de noir, à ses côtés la chanteuse japonaise de son groupe Atari Teenage Riot, qui s'était peint des éclairs rouges et blancs sur le visage. Tous les grands journaux étaient là. Plus quelques centaines de ravissants étudiants des deux sexes. Et l'apparition la plus extraordinaire : Heinrich, mon futur colocataire, belle barbe complète, juché sur des stilettos, énormes pendants d'oreilles, qui explorait les lieux de fond en comble.

Au bout d'une heure tout était vendu.

Puis commença la fête proprement dite. Franz et Reimo avaient fabriqué une boule en plastique transparente dans laquelle ils avaient prévu de donner leur concert. Voyant la foule des visiteurs, ils s'inquiétèrent pour leur construction et la portèrent dans la cave attenante, d'où le concert fut retransmis par caméra sur notre grand mur vidéo. Ils jouèrent sur des instruments électroniques tels que je n'en avais jamais vus, probablement faits maison, tout en chantant d'une voix plaintive :

Dans la pluie, sous un toit,
J'ai pris ma flûte avec moi.

Soudain je vis Alec Empire se précipiter vers l'ampli et tourner tous les boutons à fond vers la droite. Le bruit était insoutenable. Tout le monde était aux anges.

L'inauguration fut un succès retentissant. Tout Berlin ne parlait plus que de la passionnante galerie japonaise du Hackescher Markt. Et tout Berlin fut pris d'une nippophilie hystérique. Les étudiantes arboraient des t-shirts avec des idéogrammes japonais, les boutiques de mode japonaise poussaient comme des champignons et les disc-jockeys soudain ne passaient plus que de la pop japonaise.

Euphorique, je lançai d'autres expositions d'artistes japonais inconnus : Hitoshi Ikeda, Kenzo Ueno, Shigeo Maki… toutes furent d'immenses succès. Pour l'exposition de Hitoshi Ikeda nous nous rendîmes au supermarché japonais de Düsseldorf pour acheter plusieurs centaines de sachets de bonbons et de chips que nous épinglâmes ensuite aux murs de la galerie. Tous partirent à deux cents marks pièce.

L'exposition suivante fut consacrée à un prétendu élève d'Araki. J'appelai Ben de Biel, le patron du club *Maria*, car je savais qu'il était déjà allé à Tokyo.

« Pas tout à fait, me dit-il au téléphone. J'ai été à Hong Kong. Et j'y ai fait un tas de photos superbes. Personne ne verra la différence ! »

La totalité des photos fut vendue le soir même du vernissage.

Notre programmation musicale était tout aussi remarquable. Tom avait trouvé dans une arrière-cour une grosse valise remplie de 33 tours, il en piochait toujours deux au hasard, les jouait simultanément, puis les balançait contre le mur. Un beau jour la valise de disques fut vide. Franz et Reimo invitèrent alors des musiciens de tous genres aux vernissages et décrochages, même un musicien de rue chinois avec une sorte de viole de gambe à une corde. Bientôt, de tous les musiciens et disc-jockeys influents de Berlin, il n'y en eut plus un seul qui ne se fût point produit chez nous. Une grande revue musicale devait plus tard qualifier notre galerie de « vivier de la musique expérimentale des années 1990 ». Quelques mois après l'inauguration, un autre musicien surdoué rejoignit le noyau dur de notre galerie : Vredeber, futur clavier du groupe Blumfeld.

À l'époque Blumfeld était mon groupe favori. Je passais des journées entières vautré sur ma chaise longue à déguster des chocolats en apprenant leurs textes par cœur. Le jour où le groupe se produisit à Berlin, j'allai au concert. Jochen Distelmeyer chanta en salopette :

Te rappelles-tu le vieux pont,
Où nous nous sommes juré
De n'être jamais comme
Les gens dans leurs bureaux ?

J'étais bouleversé. J'étais face à une nouvelle forme d'intelligence, qui se jouait à un niveau que j'ambitionnais moi-même d'atteindre. Après le concert, en compagnie de ma bonne copine Christiane Rösinger, j'allai backstage où nous fîmes un brin de causette avec Alfred Hilsberg, l'inventeur de la Nouvelle Vague allemande. Quand Jochen Distelmeyer apparut devant moi, je ne sus rien faire d'autre que de regarder les bretelles de sa salopette, trop timide pour prononcer le moindre mot. Puis j'éclatai en sanglots. Me prenant en pitié, le chanteur fouilla dans les poches de sa large salopette et m'offrit dix marks pour me consoler. Tout heureux, je rentrai chez moi, lus deux fois de suite *Neige de printemps* de Yukio Mishima de la première à la dernière page, puis concoctai une nouvelle exposition Berlintokyo.

Un soir que je descendais l'escalier de notre galerie pour le vernissage d'un quelconque nouvel artiste pseudo-japonais, notre portier, Conny Opper, futur patron de quelques-uns des meilleurs club berlinois, tels que *Le Rio* ou *La Scala*, me fit un clin d'œil. « Ça marche du feu de dieu, Rafi, rentre vite, tu es en train de rater quelque chose ! » Un boucan infernal me submergea lorsque j'ouvris la porte. Le concert des Golden Showers atteignait son paroxysme : le chanteur squelettique, Razi, hurlait dans son micro des paroles incompréhensibles. Il était vêtu d'une simple couche-culotte et d'une paire de grandes chaussures vernies noires sur lesquelles étaient peintes deux croix gammées blanches. À l'instant précis où il se versait un plein sceau de milkshake au chocolat sur la tête tandis que la blonde chanteuse lui arrachait la couche à coups de dents, l'ambassadeur du Japon pénétra dans la salle. Le matin même, j'avais appelé l'attaché culturel pour lui dire que nous aurions été très honorés d'accueillir un jour l'ambassadeur dans notre galerie. Je ne pouvais pas me douter de ce qui allait se passer ce soir-là. Monsieur l'ambassadeur resta cloué sur place. Le temps d'apercevoir encore la chanteuse lécher les chaussures de Razi, il quitta les lieux horrifié.

La galerie Berlintokyo était un immense succès à tous égards. Las, le succès développa soudain une dynamique que je n'avais pas prévue : tous les jours nous arrivaient des fax de vrais artistes japonais qui désiraient exposer dans nos murs, car la galerie était entre-temps devenue célèbre jusqu'au Japon.

Puis des personnalités comme Schorsch Kamerun nous proposèrent d'exposer chez nous de la peinture japonaise.

Lors d'un vernissage où Jochen Distelmeyer officiait comme disc-jockey, le grand artiste contestataire 4000 me présenta un tout jeune peintre assurément « promis à la célébrité » : Daniel Richter. Un garçon adorable. Ensuite, Rainald Goetz et Westbam nous proposèrent d'exposer des photographies format géant.

Je sentais que tout prenait la mauvaise voie. La « galerie » était en train de se transformer en galerie. Dire que j'avais seulement voulu savoir, à titre d'expérience, s'il existait vraiment quelqu'un pour prendre un sèche-cheveux ou des sachets de chips japonais pour de l'art. J'étais loin de me douter que ce serait aussi simple. J'étais sous le choc. Et quand Catherine David invita la galerie à Kassel pour la documenta X, j'informai mes amis que je me retirais, effet immédiat.

Pendant qu'ils édifiaient une gigantesque installation pour la documenta de Kassel, je transformai au 66 de la Torstrasse une ancienne boutique de papier peint en *Académie des sciences de Berlin*.

CHAPITRE 7

J'avais gâché une année complète. Pour arriver à une conclusion qu'au fond je connaissais déjà. Je m'en fichais : *Sæpe via obliqua præstat quam tendere recta.*

Ce matin-là du printemps 1997, je longeais d'un pas tranquille la Torstrasse en sifflotant joyeusement jusqu'à la boutique que je louais depuis peu. Deux ouvriers barbus étaient en train de couler une nouvelle chape dans les pièces aux grandes vitrines donnant sur rue.

« Bonjour, les gars ! » leur criai-je de loin. J'avais depuis peu pris l'habitude de ne porter que des costumes afin de me donner un air plus sérieux. C'est pourquoi, craignant les éclaboussures de ciment, je me tenais à une distance excessivement respectueuse.

« Bonjour, monsieur le directeur ! » crièrent les ouvriers rigolards. Ils avaient bien compris mon projet d'ouvrir une académie en ces lieux, mais trouvaient cette idée visiblement bizarre. Or, comme je leur payais le triple des salaires berlinois, ils ne posaient pas de questions et faisaient leur travail.

À l'époque personne ne pouvait prévoir que l'Académie des sciences de Berlin deviendrait un jour une éminente institution, où de grands esprits tels que Christian von Borries, Mateo Kries, Niklas Maak, Christian Kracht ou Hans Ulrich

Obrist, dispenseraient leur savoir. Personne sauf moi. Je consacrai des nuits entières à rédiger une charte fixant les lignes directrices de l'Académie des sciences :

Pour l'obtention d'un diplôme, il suffirait de suivre quatre séminaires. J'avais en effet remarqué au cours de mes propres études que j'avais acquis le plus gros de mon immense savoir hors des amphithéâtres. Aussi les étudiants de mon académie auraient-ils le maximum de temps libre pour poursuivre leurs études personnelles.

Par ailleurs, chaque étudiant aurait la possibilité d'occuper un poste de maître de conférences et de proposer des séminaires.

Enfin, les cours de l'Académie des sciences devraient être ouverts à tous sans aucune exception.

Et ce sans qu'ils aient besoin de mettre la main au porte-monnaie.

Enivré par l'indicible radicalité de ces idées, je m'attaquai à la tâche suivante : trouver pour la conférence inaugurale un sujet à la hauteur de l'événement.

Après de longs mois passés comme coursier et simili-galeriste, je venais de reprendre mes études officieuses, principalement axées sur les sciences naturelles. Je commençai à m'intéresser de très près à l'astronomie, m'abonnai à la revue *Sterne und Weltraum*, i.e. Étoiles et Espace, m'achetai un gigantesque télescope et passai de longues semaines à construire un mécanisme permettant de photographier les étoiles au firmament. Le résultat était hélas totalement inutilisable.

Puis mes études me portèrent sur le phénomène des trous noirs, dont la presse spécialisée, comme je pouvais le noter, publiait sans cesse des images fascinantes. Un soir, je découvris dans la revue scientifique *Nature* un article sur la mesure de la galaxie NGC 4258. D'après les chiffres cités, le bulbe central de cette galaxie possédait une masse trente-six millions de fois supérieure à celle de notre Soleil. Seul un trou noir, écrivait l'auteur, pouvait expliquer une telle masse volumique.

Bouleversé, je reposai l'article et posai mes lunettes à verres neutres. L'idée même d'une telle masse volumique me rendait quasi hystérique.

C'est alors que les conférences de maître Derrida me revinrent à l'esprit. Un corps possédant trente-six millions de fois la masse de notre Soleil, et qui était un trou noir. Si dense que son champ gravitationnel engloutissait la lumière même. En d'autres termes, un soleil noir qui engloutissait les rayons lumineux. N'était-ce pas là, à peu de choses près, le même principe que celui du soleil froid énoncé par Derrida !

Je décidai de consacrer à ce phénomène la conférence inaugurale de mon académie. J'écrivis aussitôt à tous les observatoires de Berlin : l'observatoire Wilhelm Foerster, l'observatoire Archenhold, le Grand Planétarium Zeiss, les priant humblement de bien vouloir me faire parvenir pour les travaux de notre académie quelques photographies de trous noirs. Mais aucun observatoire ne disposait de matériel de ce genre. Dans une lettre fort aimable, le directeur du Grand Planétarium Zeiss me conseilla de m'adresser à l'Institut d'exploration planétaire, sis Rudower Chaussee : « Là-bas, ils pourront vous aider. »

Mais cet institut ne donna aucune suite.

Qu'à cela ne tînt, je pris les choses en mains : avec mon Leica je photographiai une reproduction de la galaxie NGC 4258 parue peu avant dans *Der Spiegel*, puis j'agrandis dans ma chambre noire le centre de la photo, qui était entièrement noir. Le résultat fut bouleversant. Une photo noire.

Ensuite je commandai du papier Ilford de format 100 x 100 cm. Pour exposer un papier d'une telle dimension, je dus transformer mon appartement tout entier en labo photo. Toutes les fenêtres furent obturées. Je dévissai la tête de mon agrandisseur, le montai sur un escabeau de deux mètres de haut et développai les photos dans trois imposantes cuves que j'avais construites avec des cadres en bois et bâchées de plastique noir. Le résultat fut époustouflant. De gigantesques carrés noirs signés au bas de l'image d'une fine écriture blanche : « NGC 4258, Photo : Science Foto Library/ Focus. Copyright : Académie des sciences, Berlin 1997 ».

J'étais tellement enthousiasmé par la qualité de ces tirages que je dus passer trois jours aux thermes de Bad Saarow pour revenir sur terre.

De retour à Berlin j'écrivis des lettres à l'attention du chancelier Kohl, du président Herzog, du chef de l'opposition Schröder, du maire Diepgen, ainsi que du ministre de l'Enseignement supérieur et de la recherche Rüttgers, les priant de bien vouloir prendre le haut patronage de notre académie et de nous faire l'honneur d'un discours lors de l'inauguration. Je sollicitai également Claudio Abbado pour entonner ce grand jour L'*Eroica* de Beethoven devant l'académie avec l'Orchestre philharmonique de Berlin, la demande d'autorisation auprès des services municipaux des espaces verts pour fermer la Torstrasse à la circulation étant déjà en cours.

Le refus du ministre de la Recherche Rüttgers m'irrita au plus haut point : « Vous comprendrez qu'une telle lettre ne peut donner lieu à une participation du ministère sous quelque forme que ce soit. »

« Has litterat gallina scripsit[1] » murmurai-je furieux en balançant cette lettre arrogante dans le tiroir du bas de mon secrétaire en acajou, où elle rejoignit les refus des messieurs Kohl, Herzog, Schröder, Diepgen et Abbado.

Vint la soirée d'inauguration.

J'avais accroché dans la petite salle de séminaires les agrandissements géants, tout noirs, de la galaxie NGC 4258, et installé dans la grande un projecteur qui diffusait en boucle un documentaire d'un quart d'heure intitulé *Étoiles à neutrons et trous noirs*. Scénographie à couper le souffle. Dans les salles et devant les fenêtres de l'académie une foule humaine s'agglutinait, le regard happé par le film et les photos noires. À chaque visiteur je remis en mains propres une attestation de présence à laquelle était jointe une note indiquant qu'avec seulement trois autres de ces attestations on obtenait son diplôme de fin d'études.

« C'est quoi ici, une sorte de performance ? me demanda méfiant un étudiant maigrichon tout en se mouchant méticuleusement. Ces carrés noirs me font penser à ce peintre... Kasimir quelque chose. »

« Non, lui expliquai-je d'un ton affable. Vous voyez bien les légendes au bas des images. Ce sont des clichés scientifiques. Et ceci..., fis-je en le faisant pivoter doucement par les

1. « Une poule a écrit cette lettre »

épaules, n'est pas une galerie, mais une salle de séminaires. Et ce qui s'y déroule est un séminaire, et tout étudiant assistant à ce séminaire reçoit une attestation de présence comme celle-ci ! »

Je lui tendis un formulaire et attirai son attention sur l'ajout en bas de page. « Tenez, lisez, je vous prie ! »

L'étudiant maigrichon lut d'une voix chevrotante la petite note au bas de l'attestation de présence : « Cette UV peut être validée dans toutes les universités allemandes. »

Et de fait, je n'ai jamais entendu dire qu'une UV de l'Académie des sciences n'a pas été acceptée par une autre faculté. Moi-même, muni d'un diplôme de l'Académie des sciences tamponné de ma propre main, devais obtenir quelques années plus tard une chaire de design à l'université de Hambourg. Mon ami Moritz von Uslar m'obtint pour la durée de mon poste une chambre à l'hôtel Atlantic. Las, l'hôtel était bien plus beau à l'extérieur qu'à l'intérieur. Et pour ma chaire de professeur, c'était au fond la même histoire. À tout prendre, ce fut une erreur, en tant qu'ancien directeur d'académie, d'accepter une simple chaire à l'université. Une bonne expérience, si on veut, mais guère plus enrichissante que de travailler un temps comme boulanger ou chauffeur de taxi.

« Vous voyez, tout est en ordre » dis-je pour rassurer l'étudiant dubitatif qui examinait une nouvelle fois les photographies carrées noires de la galaxie. « Ce sont des clichés scientifiques, et ces formulaires des attestations universitaires tout ce qu'il y a d'ordinaire ! »

Sur quoi je me tournai vers les autres étudiants assemblés autour de nous et prononçai cette phrase équivoque : « La vérité est que ces attestations ne valent ni plus ni moins que celles de n'importe quelle autre faculté ! »

Fous de joie, les étudiants m'arrachèrent les formulaires des mains.

CHAPITRE 8

J'étais moi-même fou de joie. Désormais, vêtu de mon costume mal taillé, j'allais et venais jour après jour devant l'académie, regardant le soleil, plissant les yeux, fumant une cigarette après l'autre tout en me disant en contemplant mon œuvre : « Cette demeure n'est pas spécialement grande, mais comme dit Sénèque : *Potest ex casa vir magnus exire*. – Même d'une hutte un grand homme peut sortir. »

Puis je réfléchis à la manière d'améliorer l'équipement de mon académie. Il fallait un mobilier neuf, des sièges pour la grande salle de séminaires ! Je commandai chez le fabricant Heinrich Brune à Königswinter quarante chaises empilables série Rotta 7555, modèle : châssis chromé, couleur de la coque : parchemin.

Puis je fis fabriquer un tampon qui, dans les années à venir, devait conférer les honneurs académiques aux innombrables attestations et diplômes délivrés par mes soins. Ce tampon représentait un globe terrestre éclairé par le flambeau du savoir. D'aucuns prétendirent que le flambeau embrasait le globe terrestre, mais une idée aussi simplette ne m'aurait jamais effleuré. Le tampon fut réalisé d'après mes instructions approximatives par Hans Löffler, plus tard l'un des designers en chef de REDESIGNDEUTSCHLAND.

L'accessoire déterminant, je le trouvai toutefois au cours d'une de mes longues promenades sur Unter den Linden.

J'avais décidé de rendre une petite visite à la colonne publicitaire devant la Staatsbibliothek, où j'avais autrefois découvert l'affiche « Recherchons coursier ». Et cette fois encore la colonne m'envoya un signe du destin : m'engageant dans l'Universitätsstrasse devant la Staatsbibliothek pour aller nourrir les canards sur la Spree, je passai devant une grande salle aux immenses fenêtres derrière lesquelles une vingtaine d'étudiantes aux joues rubicondes étaient penchées sur leur copie. Apparemment c'était un examen, et le professeur avait dû faire un tour au café ou bien dans la cour pour s'en griller une.

Intrigué, je levai les yeux sur la façade et déchiffrai l'inscription décatie : « Institut d'ornithologie ». Mon regard retourna vers la salle et se planta, comme électrisé, sur un objet cubique et lumineux. Un sublime rétroprojecteur flambant neuf.

Je pénétrai dans l'institut et parvins rapidement dans la salle d'examens que j'avais vue depuis la rue. J'ouvris précautionneusement la porte et jetai un coup d'œil. Les étudiantes levèrent furtivement la tête et me regardèrent, intimidées et curieuses. Je posai un index rassurant sur mes lèvres ; la paume de mon autre main décrivit un doux mouvement de bas en haut et de haut en bas signifiant : « Tout va bien. » Puis je me dirigeai sur la pointe des pieds, silencieux à l'extrême, vers le rétroprojecteur, tirai la prise, enroulai le câble autour du support prévu à cet effet, soulevai le projecteur des deux mains et gagnai la sortie, non sans gratifier de copieuses œillades les étudiantes du premier rang. Elles étaient folles de bonheur à l'idée que leur institut employât un technicien si bien fait de sa personne.

Ces étudiantes aussi enflammèrent mon imagination, à tel point que je me dépêchai de déposer le projecteur à l'académie pour aller rejoindre au plus vite Madame Glawny dans la Winsstrasse. « Aujourd'hui nous sommes mardi, pensai-je, arrivé devant son immeuble. Cette brute de Monsieur Glowny ne sera pas chez lui, mais à son cabinet. Ou à sa morgue, peu importe quel autre endroit où ce tortionnaire officie ! »

Madame Glawny exulta et aussitôt me prépara un flan au chocolat que nous dévorâmes ensemble sur le bord de son lit. Puis je la renversai fougueusement. Nous ouvrîmes nos ébats par un intarissable torrent de baisers. Malhabile, je défis d'une main tremblante les six larges boucles qui fermaient sa robe sur le devant. À ma grande surprise, elle ne résista guère et j'eus bientôt entre les mains les seins les plus magnifiques qui fussent. Plus moyen de faire marche arrière. Elle promena ses mains le long de mon dos jusqu'aux hanches, les miennes fouillèrent plus avant. Elle me serra contre sa poitrine et chuchota quelque chose comme : « Kaluna wa lamina », du polonais ou du peul, allez savoir. J'y entendis comme une invite et en moins d'une minute je lui fis ce qu'aucun homme auparavant ne lui avait jamais fait.

Le rétroprojecteur rendit à l'Académie des sciences de bons et loyaux services pendant de longues années. Aujourd'hui encore, chaque fois que j'emprunte l'Universitätsstrasse pour aller à la Staatsbibliothek poursuivre mes études personnelles, je remercie le destin de m'avoir fait, il y a de cela tant d'années, découvrir en ces lieux cet appareil magnifique.

Quelques semaines à peine après l'inauguration, l'Académie des sciences était prise d'assaut par les étudiants. Le bruit s'était répandu comme une traînée de poudre qu'il suffisait d'assister à une seule conférence pour valider une UV reconnue par toutes les autres facultés. Sans compter que les sujets de séminaires tels que « le tapir malais » ou « explosifs et explosions » attiraient les foules. Chaque jour, de nouveaux étudiants se présentaient à moi et m'offraient leurs services de conférenciers pour de nouveaux séminaires.

Pendant ce temps, dans leurs officines, les fonctionnaires du ministère de l'Enseignement supérieur se creusaient les méninges pour mettre fin à notre manège. Chose plus facile à dire qu'à faire. Eussé-je appelé mon institution « Faculté » ou « Université », l'on aurait pu la fermer sans difficulté, mais à une « Académie » le droit allemand ne trouvait rien à redire.

Et moi qui n'en avais rien su ! Je l'appris par hasard chez le coiffeur en feuilletant un magazine où figurait une interview de Manfred Ulrich, conseiller auprès du Sénat de Berlin en charge du droit des universités. Interrogé sur le dossier de l'Académie des sciences, il se lamentait d'une façon insupportable :

> *« Contrairement à celle d'" université " ou de " faculté ", l'appellation " académie " n'est hélas pas protégée par le droit. C'est pourquoi nous ne sommes pas en mesure de nous opposer aux bouffonneries de cet illuminé. Si au moins des questions financières étaient en jeu, une telle supercherie pourrait entraîner des poursuites pénales. Le terme de « diplôme » non plus n'est*

pas protégé. Mon conseil : si vous avez des doutes sur le sérieux d'une institution, adressez-vous au ministère de l'Éducation de votre région. »

J'étais tellement outré que, bien qu'à moitié rasé, je bondis du fauteuil de barbier et me précipitai dans la rue. J'appelai immédiatement mon avocat et engageai des poursuites en diffamation et dénonciation calomnieuse contre ce conseiller. Peu de temps après, il dut partir en retraite anticipée.

Les ignominies qui circulaient sur mon compte ne firent que stimuler mon ambition. Décidant de me montrer plus altruiste encore, je proposai aux autres instituts d'enseignement supérieur de Berlin de fusionner avec mon académie. J'écrivis une lettre collégiale aux présidents de l'université Humboldt, de l'Université technique et de l'École supérieure de technologie, qui se concluait par les phrases suivantes :

« Pour l'avenir, j'appelle de mes vœux une étroite collaboration entre nos institutions, qui pourrait passer par exemple par la mise en place de filières communes, l'échange de maîtres de conférences et l'harmonisation des programmes. La fusion de nos institutions serait envisageable à plus longue échéance, les modalités administratives et financières d'un tel rapprochement devant être, bien évidemment, définies avec soin et largement en amont. »

Les termes très diplomatiques de cette dernière phrase tenaient au fait que je ne voulais pas éveiller chez les directeurs de ces établissements l'impression qu'ils avaient affaire à une tête brûlée. Il s'avéra toutefois que j'avais poussé trop loin la diplomatie, car mes lettres pleines de courtoisie restèrent tout bonnement sans réponse. Afin d'accélérer quelque peu le traitement du courrier, j'envoyai donc une seconde missive laissant entendre que j'avais prévu de faire la semaine suivante une déclaration à la presse annonçant officiellement une première fusion.

Cette fois, les réponses des trois présidents ne se firent pas attendre.

Le président de l'Université technique m'écrivait :

Cher Monsieur Horzon,

Par la présente j'accuse réception du courrier susnommé. Après lecture des deux lettres, je vous prierais :
a) de nous épargner d'autres courriers de la sorte. L'UT n'est pas intéressée par votre proposition de collaboration.
b) de ne pas divulguer les informations dont fait état votre courrier du 28.04 au sujet d'une (hypothétique) collaboration entre votre institution et la nôtre, et au cas où celles-ci seraient déjà divulguées, de faire publier immédiatement par voie de presse un démenti spécifiant qu'il n'y a pas et qu'il ne saurait y avoir à l'avenir de collaboration entre vous et l'Université technique de Berlin.
Cordialement,
Prof. Dr Hans-Jürgen Ewers

L'université Humboldt de Berlin m'écrivait :

Cher Monsieur Horzon,
Dans votre courrier du 16.04.1998 adressé au président de l'université Humboldt, vous esquissez une brève analyse de la situation actuelle des universités et proposez

vos propres pistes de réflexion pour y remédier.
Outre le fait que nous ne partageons en rien vos analyses, concernant notamment la formation des maîtres de conférence et la qualité des tests QCM, les indications que vous donnez à propos de ce que vous appelez votre « cursus » ne nous permettent pas de procéder à un examen approfondi de la question.
Dans l'éventualité où vous auriez des documents complémentaires à fournir, je vous prierais de bien vouloir nous les faire parvenir. Le message laissé le 28 *avril* 1998 *sur votre répondeur, vous enjoignant à n'évoquer d'aucune manière une possible fusion de l'Académie des sciences avec l'université Humboldt, reste valable à ce jour.*
Bien à vous,
Dr A. Kessler

Enfin, le vice-directeur de l'École supérieure de technologie de Berlin m'écrivait :

Cher Monsieur Horzon,
Dans votre courrier daté du 16.04.98 *reçu le* 21.04.98*, vous nous présentez votre académie et formulez le souhait d'une étroite collaboration avec l'EST.*
Pour des questions d'agenda, le directeur de l'EST n'a pas encore eu l'occasion de vous faire part de sa position. Nous sommes d'autant plus étonnés d'apprendre par votre courrier daté du 27.04.98 *et arrivé chez nous ce jour, que vous comptiez faire une déclaration à la presse annonçant rien de moins que la fusion entre l'EST et votre institution. La question de savoir si collaboration il peut y avoir et, le cas échéant, jusqu'à*

quel point elle peut être effective, doit d'abord faire l'objet d'un examen de la part de l'EST. Pour ce faire, nous aurions évidemment besoin de plus amples informations concernant votre établissement, son conseil d'administration et l'enseignement qu'il propose.
Ces examens prendront du temps. D'ici là, nous ne serions tolérer que vous évoquiez publiquement une quelconque collaboration, et encore moins une fusion, ni quoi que ce soit qui puisse laisser supposer quelque accord entre nous. Nous nous opposons tout particulièrement à votre projet de déclaration à la presse, puisqu'elle accréditerait la thèse d'une alliance, quelle qu'elle soit.
Par la présente, nous vous interdisons formellement de faire à la presse ou à quelque tiers que ce soit des déclarations susceptibles de laisser accroire à un accord de collaboration ou de fusion, ou ne serait-ce qu'à une quelconque négociation contractuelle.
À ce jour l'EST n'a engagé aucune négociation et n'a pas la moindre intention de collaborer avec votre établissement. Toute déclaration contraire de votre part serait mensongère et s'exposerait par conséquent à des poursuites.
Le jour où nous souhaiterons engager des pourparlers avec vous, nous vous le ferons savoir.
Cordialement,
Pour le directeur,
Prof. Dr Thümer
Vice-directeur

La rage suscitée par ces réponses grossières eut tôt fait de se dissiper, car les dernières conférences – sur la fabrication du sucre et la spéculation boursière à court terme – furent prises d'assaut, preuve s'il en fallait que ma voie était juste. Chaque semaine la presse publiait de longs articles détaillant le concept novateur de l'Académie des sciences, écrits par des journalistes ébahis.

Tout à mon allégresse, je lançais séminaires sur séminaires. Ainsi en cet après-midi ensoleillé de septembre 1998. Je venais de sortir de la Staatsbibliothek où j'avais emprunté un film pédagogique sur les plantations de palmiers pour ma prochaine conférence. Tout feu tout flamme, je traversais Berlin-Mitte au volant du coupé sport de tantine quand soudain le moteur cala. Le réservoir était à sec. Je m'aperçus à cette occasion que mon porte-monnaie l'était aussi. L'argent envoyé par ma tante était entièrement dépensé.

Évidemment, j'aurais pu vendre ma voiture, mais tout bien réfléchi elle n'était pas vraiment à moi. Je crus beaucoup plus judicieux de me tourner vers des instituts scientifiques pour solliciter sans détour leur aide financière, en échange de quoi leurs dirigeants se verraient promettre des postes d'enseignant dans mon académie. Cette aubaine inopinée me permettrait d'édifier un somptueux bâtiment flambant neuf pour mon académie...

J'abandonnai la voiture Rosenthaler Platz, m'achetai une glace avec mon dernier mark et fis à pied les quelques mètres jusqu'à la Brunnenstrasse où j'avais mon appartement.

Là, muni de l'annuaire de la Société Berlinoise pour la Science et la Recherche, je dressai une liste d'instituts auxquels je comptais écrire sans délai :

1. L'Institut de cristallogenèse (IKZ),
   Rudower Chaussee 6, 12489 Berlin
2. L'Institut de recherche sur la néphrologie et l'hypertension de Berlin, Am Nordgraben 5, 13509 Berlin
3. L'Institut de sciences sociales appliquées,
   Tietzenweg 55, 12203 Berlin
4. L'Institut de zoologie et de faune sauvage IZW,
   Alfred-Kowalke-Strasse 17, 10252 Berlin
5. L'Institut Max-Planck de physique extraterrestre,
   Rudower Chaussee 5, 12489 Berlin
6. L'Institut Fraunhofer pour les technologies d'assemblage et d'emballage, Gustav-Meyer-Allee 25, 13355 Berlin
7. L'Institut des sciences rurales Bischofswerder SARL,
   Bayreuther Strasse 8, 10787 Berlin

Cette dernière institution fut la seule dont je reçusse un retour de courrier. À ceci près que c'était ma lettre, non décachetée, qui m'était renvoyée par la poste, portant la mention : « Inconnu à cette adresse ». Un coup de fil aussitôt passé aux services en charge de l'enseignement supérieur de la ville de Berlin m'apprit que l'Institut des sciences rurales Bischofswerder venait tout juste de fermer ses portes.

En larmes, je me jetai sur mon lit. Mon académie allait-elle subir le même sort et devoir fermer bientôt ? En proie au désespoir, j'allumai la télévision pour me changer les idées.

Ce que je vis me fit reprendre courage : Helmut Kohl venait de perdre les législatives. Du coup, l'affreux ministre Rüttgers sautait avec lui. Je rédigeai sur-le-champ une lettre à Edelgard Bulmahn, la nouvelle ministre de l'Enseignement supérieur, sollicitant des fonds pour pouvoir doter mon académie de nouveaux bâtiments.

Quelques jours plus tard je reçus sa réponse. En des termes aussi courtois qu'emberlificotés, la ministre m'expliquait sur deux longues pages pourquoi elle ne voyait aucune possibilité, dans l'état actuel des choses, de me financer de nouveaux bâtiments.

Je compris que la politique ne me serait d'aucun secours.

Pendant des mois je me demandai comment continuer. Puis, un après-midi que je me tournais et me retournais sur mon lit, j'entendis un léger bruissement sous le matelas. Je refermai mon livre – *Oblomov* de Gontcharov –, soulevai le matelas et trouvai une enveloppe. Et dans l'enveloppe une petite liasse de billets. J'avais dû remiser pour les jours de disette une petite part de l'argent de ma tantine, que j'avais par la suite oubliée. Je trouvai autre chose sous le matelas : *Manhattan Transfer* de John Dos Passos, la précieuse édition princeps de 1925. Alea jacta est, et c'est un euphémisme. Je courus sur-le-champ à l'agence Lufthansa de la Friedrichstrasse et achetai un billet pour New York.

CHAPITRE 9

Au moment où l'appareil entama un doux virage vers la gauche au-dessus de Manhattan, la statue de la déesse de la Liberté me parut soudain éclairée d'un soleil plus vif. Son bras armé du glaive semblait s'être levé à l'instant même, et l'air libre soufflait autour de sa haute silhouette.

« Amérique, berceau de la liberté, Amérique, berceau du capitalisme..., murmurai-je, tandis que nous faisions cap sur l'aéroport, passant devant les immenses tours jumelles. Amérique, c'est toi qui m'enseigneras le sens des affaires ! »

Mon projet était le suivant : pendant les cent jours que durerait mon voyage, je collecterais en Amérique cent idées d'affaire, en les documentant par des clichés photographiques. Puis réaliserais à mon retour la meilleure d'entre elles. Avec la fortune ainsi acquise, je reconstruirais mon académie à une échelle insoupçonnée.

Alors que je bouclais ma ceinture de sécurité en vue de l'atterrissage, les gigantesques bâtiments flambant neufs de mon académie apparurent devant mon œil intérieur. Tout excité par cette vision, je fus pris de spasmes qui se traduisaient par d'amples gestes saccadés. Remarquant mon état, qui donnait quelques motifs d'inquiétude, les passagers autour de moi appelèrent le steward. Mais nous atterrissions déjà.

Des herses se relevèrent, des pieds franchirent le vide. Dans le tunnel en bois de l'appontement où régnait une odeur de fumier, des hommes et des femmes se pressèrent, écrasés, bousculés, comme des pommes qu'on fait rouler dans un pressoir.

C'était donc cela, l'Amérique !

Euphorique, je m'éloignai de l'aéroport en aspirant l'air à pleins poumons et rejoignis Manhattan à pied – économie avant tout, la liasse trouvée sous mon matelas n'étant pas bien épaisse. Mon modeste logis dans la 23e rue fut du reste à l'avenant. Un immeuble de treize étages où l'on pouvait dormir pour la modique somme de dix dollars. À huit dans la même chambre.

Peu m'importait. Après tout, je n'étais pas venu pour dépenser de l'argent, mais pour étudier la façon d'en gagner.

Cet été-là, il faisait si chaud à New York que tout le monde dans la pension dormait nu sur les matelas, sans couverture. Impossible d'ouvrir les fenêtres, car l'immeuble d'en face, à seulement deux mètres du nôtre, était tapissé de plus de cinq mille climatiseurs qui faisaient un boucan innommable, sans compter que ces installations évacuaient l'air chaud directement sur nos fenêtres non équipées de climatiseurs.

Nous dormions à huit sur quatre lits en fer superposés. Le jeune homme en dessous de moi parlait et criait toute la nuit pendant son sommeil. Il venait apparemment d'égorger toute sa famille ou de commettre quelque autre crime atroce.

Au bout de deux jours, il était devenu de surcroît obsédé par l'idée que nous autres hommes nus le prissions pour

« gay ». C'est pourquoi il s'était acheté des montagnes de magazines pornos qu'il étalait ostensiblement sur son lit. Le soir, quand il les feuilletait, il se levait toutes les cinq minutes pour venir me montrer une femme particulièrement belle, en découvrant ses dents qui – conséquence évidente d'une absorption excessive de mercure – étaient noires comme l'ébène.

Il me faisait tellement peur que j'étais sur pieds tous les jours dès quatre heures du matin pour partir en quête de nouvelles idées d'affaire. Raison pour laquelle on ne voit pas âme qui vive sur la plupart de mes photos prises alors dans les rues de New York.

Chaque jour je photographiais une nouvelle idée d'affaire. Une idée, un cliché. Pas un de plus. Économie avant tout.

Au trente-troisième jour, j'allai à Grand Central Station pour vérifier si la lumière qui filtrait à travers les vitres était ce jour-là aussi belle que sur la célèbre photo de Paul Strand.

Avant même de pouvoir pénétrer dans l'immense hall, j'aperçus une file d'autocars argentés stationnant devant la gare en plein soleil. Intrigué je m'approchai et lus le logo : GREYHOUND. Je courus m'acheter un billet coast-to-coast et partis. Me méfiant des truands de mon hôtel, j'emportais partout avec moi mes bagages, qui consistaient en tout et pour tout en mon pyjama à carreaux vichy bleu-vert, ma brosse à dents et mon Leica.

Muni d'un billet coast-to-coast, on pouvait aller de la côte est à la côte ouest pour quatre-vingt-dix-neuf dollars, avec la possibilité de descendre dans n'importe quelle ville et de reprendre la route à tout moment.

Je me rendis d'abord à Chicago. N'ayant pas de quoi m'acheter un ticket, je passais des journées entières à longer à pied les viaducs en acier riveté du métro aérien. J'étais sans cesse à l'affût de nouvelles idées d'affaire. Une journée, une photo. Dans mon petit carnet Moleskine, que je m'étais acheté à l'exemple de quelques idoles de ma jeunesse, dont Jack London, Arthur Rimbaud et Novalis, connus pour avoir utilisé des calepins de cette marque, je consignais par menus détails chaque idée photographiée.

Une fois tous les gratte-ciel de Sullivan visités et leurs cages d'escalier respectives admirées, je montai dans un Greyhound et repartis vers l'ouest.

Des Moines, Lincoln, Cheyenne.

Demeurer plus d'une journée dans ces villes était au-dessus de mes forces.

À Salt Lake City, je logeais dans un petit motel en rondins aux abords de la ville. Je partageais ma chambre avec un sympathique Indien, bandana bariolé autour du front et blouson d'aviateur élimé sur le dos. Je dus attendre de lui adresser la parole pour m'apercevoir qu'il n'était pas peau-rouge, mais ja-peau-nais.

Il me montra sa voiture, garée devant le motel : une voiture très belle et très longue, Chevrolet 1958.

Puis il remonta dans notre chambre et s'enfonça une seringue dans le pied.

« Insuline, m'expliqua-t-il. Diabète ! »

Je hochai la tête avec compréhension et m'apprêtai à poser quelques questions qui me tracassaient à propos de cette étrange maladie, quand l'ami nippon roula des yeux blancs et piqua du nez. Un peu d'écume coulait de la commissure gauche de ses lèvres.

DOCUMENTS – PARTIE I

Ainsi s'écoulèrent mes mois à Paris. Le matin, je passais le plus clair de mon temps assis sur la terrasse du Café de Flore à boire un expresso après l'autre, le petit doigt écarté, gratifiant de rires hystériques les blagues des clowns qui passaient de terrasse en terrasse.

Autoportrait flatteur, chambre de bonne, Paris

« Écoute, mon petit, dit Signora Sarasate de sa voix caverneuse, ce que je vais te dire est très important. Cela va déterminer toute ton existence. Tu m'écoutes ? »

« Oui, Signora, murmurai-je, effrayé. J'écoute. »

Paris, chaude journée d'été

J'entamai une œuvre monumentale, *Le Compendium du savoir* : la totalité du savoir de l'humanité résumée en un seul livre.

Extrait du *Compendium du savoir* : chapitre PLANTES DU MONDE

Pendant trois jours et trois nuits j'écrivis d'une traite. Le quatrième jour, je relus le tout, déchirai les pages et me jetai en larmes sur mon lit : sans aide extérieure, sans argent, sans assistance, une entreprise aussi titanesque n'avait aucune chance d'aboutir.

Extrait du *Compendium du savoir* : chapitre MERS DU MONDE

Ne me reste aujourd'hui qu'une petite trentaine de photographies dont je comptais illustrer les cent chapitres de mon Compendium, témoignage dérisoire de ma puissance créatrice et de ma soif de reconnaissance.

Extrait du *Compendium du savoir* : chapitre OISEAUX DU MONDE

Quand je me réveillai, il faisait nuit dehors. Madame Glawny était étendue à mes côtés, la tête appuyée sur sa main droite, et me regardait en souriant. À mon grand effroi, elle était dans le plus simple appareil !

Berlin, chaude journée d'été, vue depuis la fourgonnette

Je refusais les demandes d'interview adressées à Masahiro Sugimoto, le premier artiste exposé. « Monsieur Sugimoto évite le public, nous vous prions de respecter ce choix » répondais-je aux journalistes d'un ton tranchant.

Affiche pour l'ouverture de la galerie berlintokyo

L'exposition suivante fut consacrée à un prétendu élève d'Araki. J'appelai Ben de Biel, le patron du club *Maria*, car je savais qu'il était déjà allé à Tokyo.

Hong Kong, un jour particulièrement étouffant

Aujourd'hui encore, chaque fois que j'emprunte l'Universitätsstrasse pour aller à la Staatsbibliothek poursuivre mes études personnelles, je remercie le destin de m'avoir fait, il y a de cela tant d'années, découvrir en ces lieux cet appareil magnifique.

Salle de séminaires 1, Académie des sciences, Berlin, Linienstrasse

Sur quoi je me tournai vers les autres étudiants assemblés autour de nous et prononçai cette phrase équivoque : « La vérité est que ces attestations ne valent ni plus ni moins que celles de n'importe quelle autre faculté ! »

Remise d'attestations et de diplômes à l'Académie des sciences

Sans compter que les sujets de séminaires tels que « le tapir malais » ou « explosifs et explosions » attiraient les foules.

Salle de séminaires 1, Académie des sciences, Torstrasse, Berlin

Mon projet était le suivant : pendant les cent jours que durerait mon voyage, je collecterais en Amérique cent idées d'affaires, en les documentant par des clichés photographiques. Puis réaliserais à mon retour la meilleure d'entre elles.

Idée d'affaire : la production de hot-dog, New York

Masa se mit à glousser. Dix minutes sans s'arrêter, à me donner des sueurs froides. Un peu d'écume coulait de la commissure gauche de ses lèvres.

Idée d'affaire : la production de carburant, Arizona

J'en ramassai quelques-uns et n'en crus pas mes yeux : c'était de l'or ! De l'or ! De grosses pépites d'or étincelantes ! Je me hâtai d'en ramasser le plus possible.

Idée d'affaire : la production de chapeaux de paille, Californie

Le propriétaire, qui traînait devant sa boutique, avait l'air bien nanti. Et bien nourri. « Cette bedaine est un signe extérieur de richesse » me dis-je à voix haute.
J'embarquai dans l'avion avec la ferme intention d'ouvrir à Berlin un magasin de meubles.

Idée d'affaire : la production de carburant, San Francisco

Bientôt, un attroupement gigantesque s'était formé devant la boutique. Tout le monde voulait voir cette bibliothèque d'un genre nouveau. Jamais sans doute dans son histoire Berlin-Mitte n'avait connu plus grand rassemblement.

Ouverture du magasin MOEBEL HORZON

Quand le train entra en gare au petit jour, je remarquai que le quai était désert. Seul un mendiant aveugle et enturbanné traînait dans la brume matinale.

Nice, au petit matin

J'avais mis le cap sur l'hôtel Martinez, le tout premier sur la Croisette, et l'arrivée de mon yacht fit son petit effet. Un touriste américain fut si impressionné par les lignes de mon bateau qu'après de longues palabres je finis par le lui céder pour quelque dix mille francs.

La promenade des Anglais, le soir

« Mais, ma tante, criai-je du bas de l'échelle, tu sais bien que je n'ai jamais de bagages ! Je voyage toujours avec un tout petit sac plastique ne contenant que mon appareil photo et ma brosse à dents. » Ce disant, je brandis mon gigantesque sac marin.

Personne n'eut la moindre idée de ce qu'était GELEE ROYALE, ni même ne sut qu'il existât une maison de couture de ce nom.

Campagne publicitaire pour GELEE ROYALE

Sur une feuille de papier millimétré je dessinai à la règle et au stylo bille une chaise, puis une table. Toutes deux se composaient de quatre plateaux carrés de taille parfaitement identique.

Campagne publicitaire pour les meubles REDESIGNDEUTSCHLAND

Nous avions vite relégué l'ancienne division, parfaitement illogique, de l'année en 12 mois, 28, 29, 30 ou 31 jours, 24 heures, 60 minutes, 60 secondes, au cimetière des inepties.

Préfabriqué RDD-HAUSBAU, avec Michel Obladen, anonymisé

Crédits photographiques :
Rafael Horzon, sauf
Ouverture du magasin MOEBEL HORZON : André C. Hercher
Rafael Horzon sur un siège RDD : Florian Kolmer

Le lendemain nous quittâmes Salt Lake City pour le sud, direction Arizona. Masa, ainsi s'appelait l'ami nippon, m'expliqua qu'il avait acheté la voiture à New York parce qu'elle datait de la même année que le guide de voyage qu'il avait sur lui – un livre tout usé doté d'un titre étrange : *The Dharma Bums*.

« Vivement la première bière en Arizona ! m'expliqua-t-il. Dès que nous aurons quitté cet État de mormons faux-culs, nous nous arrêterons à la première station-service pour nous payer une bonne bière bien fraîche ! »

Je le trouvais de très bonne compagnie, et ce qu'il disait me semblait parfaitement sensé. Car, en effet, dans tout l'État de l'Utah il était impossible de trouver la moindre bière. Ni quelque autre alcool que ce fût. Seulement du Coca-Cola, du Fanta et du Sprite. Et du Seven Up.

Pendant un long moment, le silence régna dans la voiture. J'allais m'endormir bercé par le bourdonnement monotone du moteur, quand soudain, sans prévenir, l'ami nippon se mit à hurler : « Et quand nous descendrons de voiture au milieu du désert de l'Arizona, nous entendrons le Néant ! »

Interdit, je le regardai du coin de l'œil. Il transpirait assez abondamment, et bien que l'air conditionné eût rafraîchi l'habitacle à disons dix degrés, de grosses gouttes de sueur perlaient sur son front.

« Puis nous monterons sur une montagne et nous toucherons le ciel ! » hurla-t-il encore.

J'eus un petit rire nerveux à cette étrange idée, puis inclinai le dossier de mon siège pour faire un petit somme, car cela faisait quelques heures déjà que nous étions sur la route. Masa insistait pour conduire tout du long, sans pauses, mis à part quelques arrêts éclairs pour s'injecter de l'insuline et avaler des cachets blancs, contre les brûlures d'estomac, comme il me l'expliqua.

Au-dehors, dans le crépuscule, défilait le désert de l'Utah. D'immenses cumulus scintillaient au loin telles de gigantesques lanternes, traversés çà et là d'éclairs. Je m'endormis.

« Réveille-toi » cria l'ami nippon.

La nuit entre-temps était tombée.

« Là-bas, le panneau ! L'Arizona ! » Il était tout excité.

Et en effet, nous nous approchions à toute allure d'une grande pancarte plantée sur le bord de la route : « Thank you for visiting Utah ». Enfin. Ne restait plus qu'à guetter la prochaine station-service.

Rien. Sur des miles et des miles, rien que la nuit noire.

Des heures durant. Minuit était passé depuis longtemps.

Masa enrageait à vue d'œil.

Il avait très soif.

C'est alors qu'une lueur apparut à l'horizon. D'abord faible et minuscule, puis de plus en plus grande. Une enseigne lumineuse. Penchés en avant, nous plissâmes les yeux pour pouvoir déchiffrer les lettres le plus tôt possible.

Et puis, enfin, la délivrance : « Gas Station » !

Nous poussâmes des cris enthousiastes, Masa pila net à faire fumer les pneus devant la minuscule station-service, nous bondîmes hors de la voiture et ouvrîmes la porte de la cahute à toute volée en hurlant :

« Beer ! »

Un silence absolu nous accueillit.

On n'entendait que le grésillement d'un moustique qui cramait dans un piège électrique au-dessus de la porte.

Puis nous perçûmes des pas traînants. Un tout petit Indien très vieux sortit de l'arrière-boutique et se planta derrière le comptoir.

« No beer !, fit-il. No alcohol ! »

« No alcohol ? Why ? » brailla d'une voie perçante Masa qui sur ce perdit définitivement les pédales.

« Indian reservation, dit très lentement le vieil Indien. It's against the law. »

Masa se mit à glousser. Dix minutes sans s'arrêter, à me donner des sueurs froides. Un peu d'écume coulait de la commissure gauche de ses lèvres.

« Viens, faisons encore un peu de route » dis-je pour le calmer en le poussant par la sortie, non sans avoir aimablement pris congé du sage Peau-Rouge. « Cette réserve indienne n'est sûrement pas si grande que ça, et une fois que nous serons sortis, il y aura des bières dans les stations-service. »

« Bonne idée ! » s'écria Masa, qui s'injecta vite fait un peu d'insuline et mit la gomme.

Au bout d'une centaine de miles le moteur cala. Le réservoir était à sec. Dans l'agitation, nous avions oublié de prendre ne fût-ce qu'un peu d'essence chez le vieil Indien.

Masa ne jugea pas opportun de faire le moindre commentaire.

Au lieu de quoi, il sortit de la voiture en soufflant comme un bœuf, cueillit à la lumière de la pleine lune qui venait tout juste de se lever quelques cactus charnus, les ouvrit au couteau et en pressa le jus dans une gamelle en fer-blanc. Nous partageâmes cette boisson rafraîchissante, puis gravîmes la montagne qui se dressait tout près de nous dans la nuit. Cette montagne avait la forme d'un sombrero.

Tout au long de notre ascension, Masa marmonnait dans sa barbe. De temps à autre il s'arrêtait, levait les poings en l'air, le regard tourné vers le ciel, et marmonnait plus fort. Je m'apprêtais à lui demander ce qui lui arrivait quand je remarquai que les pierres et les cailloux à nos pieds brillaient comme de l'or. J'en ramassai quelques-uns et n'en crus pas mes yeux : c'était de l'or ! De l'or ! De grosses pépites d'or étincelantes ! Je me hâtai d'en ramasser le plus possible. J'appelai Masa, qui continuait imperturbablement sa pénible ascension. Hors d'haleine, transpirant à grosses gouttes, je le suivis, les poches remplies d'or.

Arrivé tout en haut, je vis Masa enlever sa chemise et escalader un gros rocher au sommet de la montagne. Avec la lune en toile de fond. Remarquablement grande. Et remarquablement verte. Vert fluo. Le profil japonais se découpait nettement devant le disque vert fluo de la lune, la tête levée fixement vers le ciel, les bras serrés contre les hanches. Soudain je m'aperçus qu'il avait un énorme nez crochu. Remarquant ma présence, il tourna très lentement son visage vers moi avec un sourire carnassier. Ses yeux brillaient, rouges comme le laser d'une lunette de tir. De la fumée s'échappait de ses oreilles.

Je suffoquai d'effroi. Je voulus dire quelque chose, mais ma gorge était toute sèche. Je fermai les yeux pour reprendre mes esprits, mais sous mes paupières closes je voyais encore le visage d'insecte, au ricanement étrange, du Nippon. « Buongiorno, mon petit, s'écria-t-il alors d'une voix stridente, métallique et anormalement aiguë. Tu ne me reconnais pas ? »

C'était Signora Sarasate !

Hurlant de peur, je me retournai et dévalai la pente ventre à terre, poursuivi par le rire rauque de la voyante. Dans ma panique je vidai précipitamment mes poches et jetai les pépites d'or pour aller plus vite.

Je rejoignis la route et continuai de courir. Sur des centaines et des centaines de mètres. La montagne était loin à présent. Je m'arrêtai un instant pour reprendre mon souffle. On n'entendait plus la gitane criailler. Je fermai prudemment les yeux : horreur ! Je la voyais toujours à travers mes paupières closes ! Je repris ma course haletante le long de la route. Je courais et courais.

Au bout de deux heures j'arrivai à un pont. Un ruisseau coulait au fond de la vallée. Je passai sept ou dix-neuf heures sous le pont, au bord du ruisseau, à trier des cailloux et à les aligner consciencieusement du plus petit au plus grand. À un moment je m'endormis. Je me réveillai deux jours plus tard. Je lavai mes habits et marchai jusqu'à la prochaine ville.

De Las Vegas je repris le Greyhound pour Reno, et de Reno pour Sacramento, et de Sacramento pour San Francisco.

Ma troisième pellicule Ilford affichait la prise numéro dix-huit. J'avais donc dix jours pour trouver des idées d'affaire à San Francisco.

En premier, je me rendis à la librairie de Lawrence Ferlinghetti sur Columbus Avenue. Levant les yeux vers la galerie où il avait son bureau, je vis un chapeau blanc aller et venir, probablement Ferlinghetti en personne. Plus tard, en développant les photos, je constatai que la photo que j'avais prise de ce chapeau était complètement noire. Un grain d'or avait dû se coincer dans l'obturateur.

Je m'enquis du livre le moins cher qui se pût trouver en magasin et l'achetai immédiatement. Un petit opuscule intitulé *The Yage Letters*.

Cependant je n'étais pas venu en Amérique pour passer mon temps à lire des livres, mais pour collecter des idées d'affaire. Je sillonnais les rues de San Francisco avec mon appareil-photo, à l'affût de la moindre boutique, de la moindre voiture, du moindre bagel, examinés sous le seul aspect du ratio coût/bénéfice : j'investis tant, je récolte tant. Je regardais l'Amérique avec les yeux de l'homme d'affaire. Tel jour je photographiais une boulangerie, tel autre une compagnie aérienne, le jour suivant une compagnie maritime.

Le dernier jour, je découvris au détour d'une flânerie un magasin de meubles dans Mission Street. Le propriétaire, qui traînait devant sa boutique, avait l'air bien nanti. Et bien nourri. « Cette bedaine est un signe extérieur de richesse » me dis-je à voix haute.

J'embarquai dans l'avion avec la ferme intention d'ouvrir à Berlin un magasin de meubles.

CHAPITRE 10

Pan ! Un bruit sourd m'arracha à un sommeil sans rêves de trente-sept heures. Autour de moi, le noir complet. Je ne réalisai que peu à peu que je n'étais plus couché dans mon auberge de San Francisco, mais dans mon appartement entièrement obscurci de la Brunnenstrasse. Je touchai à tâtons les trois grosses cuves de développement dans lesquelles j'avais tiré les clichés de la galaxie NGC 4258, seul mobilier de mon immense appartement.

La tête lourde je me traînai jusqu'à la porte d'entrée pour identifier la cause d'un tel boum. Sur le pas de la porte je découvris le catalogue d'un magasin de meubles suédois, pavé d'environ mille pages qu'un coursier certainement sous-payé, peut-être même mineur, et probablement accro aux médicaments, avait jeté de toutes ses forces.

Comme devant toutes les autres portes de l'immeuble.

Comme devant toutes les autres portes du pays.

Comme devant toutes les autres portes du monde entier !

Des centaines de millions de catalogues vantant des centaines de millions de produits douteux, qui concouraient à l'uniformisation des intérieurs du monde entier, à l'aide de centaines de millions de hangars de ventes, tous identiques, où des milliards de clients étaient forcés de suivre des parcours fléchés pour se voir imposer derrière chaque virage de nouveaux meubles de troisième zone.

Je sentis monter en moi une colère sans nom.

Il était de mon devoir de trouver sans plus attendre des locaux pour mon magasin de meubles ! Et dans ce magasin de meubles, il n'y aurait pas des centaines de millions de produits, non, *il n'y en aurait qu'un seul* !

Je sortis en clignant des yeux dans la Brunnenstrasse baignée d'un soleil éclatant, m'achetai une glace sur la Rosenthaler Platz et pris la Torstrasse pour m'assurer que tout allait bien dans mon académie. En arrivant je fus comme frappé par la foudre : la boutique de peinture à côté de l'académie avait été fermée durant mon séjour américain et les locaux étaient à louer. J'appelai immédiatement le propriétaire et signai le bail le jour même.

Le lendemain matin je chargeai les deux ouvriers barbus qui avaient rénové l'académie de refaire une beauté à la boutique.

Puis je m'enfermai dans mon appartement obscurci pour réfléchir à l'unique produit de mon magasin de meubles. Il fallait un produit dont tout le monde ait besoin. Il fallait un produit qui se vende bien. Un produit susceptible non seulement de financer ma future vie princière, mais également toute l'Académie des sciences. Je consultai l'*Organon* de Samuel Hahnemann, fis fondre quelques granules de lycopodium sous ma langue, et esquissai en pensée une bibliothèque d'un genre nouveau, tout en angles droits, inspirée des proportions du corps humain.

Sur quoi, je me rendis dans le magasin de bricolage au coin de la rue, me fis découper quelques panneaux medium, achetai une perceuse et une centaine de vis, puis rapportai le tout chez moi.

Le lendemain la proto-bibliothèque était réalisée : haute de 199, large de 36 et profonde de 35 centimètres, composée de cinq grands rayons. Tout à ma joie, je téléphonai à mes amis et les conviai chez moi pour l'avant-première. Je les conduisis dans une pièce obscurcie, fermai doucement la porte derrière nous, puis allumai la lumière. Au milieu de la pièce se dressait ma bibliothèque. Mes amis en firent le tour complet, puis laissèrent libre cours à leur enthousiasme. Un tonnerre d'applaudissements éclata.

Pendant quelque temps je caressai l'idée d'appeler ma bibliothèque *Richelieu*, mais j'optai finalement pour *Modern*, probablement parce que j'avais écrit peu avant un opuscule intitulé *Être moderne*, pamphlet virulent contre l'immobilisme intellectuel. J'en avais offert trois ou cinq exemplaires à des amis plus ou moins proches, après quoi le reste du tirage avait été fort heureusement détruit lors de l'inondation de ma cave. Du plus loin qu'il m'en souvienne, le livre traitait essentiellement d'explosifs et de sport.

Je téléphonais désormais chaque jour aux ouvriers barbus pour m'enquérir de l'avancement des travaux de rénovation. Ayant été du temps de la RDA le seul à qui, pendant des décennies, la Commission nationale du Plan ait fourni des laques et des peintures, le propriétaire de la boutique avait manifestement cru bon de repeindre la façade de son magasin cinq à cent fois par an. Quand les ouvriers eurent déposé au marteau les épaisses croûtes de peinture, des colonnes et des cadres de fenêtre finement ciselés apparurent. À l'évidence, il s'agissait de la plus belle boutique fin de siècle de toute la Torstrasse.

En même temps, je me creusais la tête pour trouver un

nom à mon magasin de meubles. *Möbel Horzon* tombait sous le sens. Mais comme je savais que tout homme préfère d'instinct la symétrie, étant symétrique lui-même, je décidai d'appliquer au nombre de lettres la règle de la symétrie la plus stricte. Raison pour laquelle j'écrivis « Möbel » avec un « oe », afin qu'il ait autant de lettres que « Horzon ».

Puis je conçus en trente et une petites heures le logo MOEBEL HORZON. J'avais à dessein de l'inscrire sur un énorme caisson lumineux que j'accrocherais au-dessus de ma boutique. Lors d'une fête dans un hôtel désaffecté de la Auguststrasse je demandai à Daniel Pflumm, alors en passe de devenir mondialement célèbre grâce à ses caissons lumineux, vers qui me tourner pour en faire fabriquer. Malheureusement le bruit était tel que je ne pus comprendre sa réponse. Je dénichai finalement un fabricant de caissons lumineux à Reinickendorf. Le patron avait frisé en tire-bouchon ses moustaches à la colle Uhu et il portait une chemise constellée de carreaux, de cœurs, de piques et de trèfles. Le caisson fut malgré tout une réussite esthétique.

Vint la soirée d'inauguration.

Dans le grand espace de vente, côté rue, j'avais exposé la proto-bibliothèque Modern, rien d'autre, et accroché au mur une liste de commandes sur laquelle les acheteurs étaient censés s'inscrire. Mon premier invité ce soir-là fut Burkhard Riemschneider, qui sans hésiter écrivit son nom sur la liste.

J'avais fait sa connaissance deux jours plus tôt au *Tresor* : ma cousine Anne m'avait appelé pour me dire que son mari, le légendaire Moritz von Oswald, y officiait ce soir-là comme disc-jockey. La soirée traînait en longueur. Finalement, à vingt-deux heures bien sonnées, nous allâmes tous chez Burkhard Riemschneider. Je préparai un tilleul, puis revins au salon en tenant à bout de bras, pour une raison qui m'échappe, la théière comme un arrosoir… Quant à la suite de la soirée, je n'en ai plus aucun souvenir.

Bref, après avoir inscrit son nom sur la liste de commandes, Burkhard Riemschneider me présenta les personnes qui l'accompagnaient, les aimables et néanmoins très intelligents artistes Rirkrit Tiravanija et Tobias Rehberger, qui se postèrent devant la proto-bibliothèque en écarquillant les yeux. Ils n'avaient évidemment jamais vu de meuble aussi beau et pratique à la fois.

Je ne revis Tobias Rehberger que neuf ans plus tard, à l'inauguration du *Bunker* de Christian Boros dans la Reinhardtstrasse. Nous fîmes assaut d'anecdotes sur notre adolescence. La soirée traînait en longueur. Finalement, il devait être aux alentours de trente-neuf heures quand Christian Boros, qui revenait de chez le boulanger avec des brioches, nous pria de partir, car nous étions les deux derniers. En cherchant la sortie, nous nous perdîmes dans les ramifications de couloirs du Bunker. Au bout de deux heures nous tombâmes sur un autre égaré, le commissaire d'exposition Veit Loers. Nous partageâmes les quelques brioches que Boros avait pris soin de me filer pour la route… Quant à la suite de la soirée, je n'en ai plus aucun souvenir.

J'allais et venais de la cave à la boutique, remontant de nouvelles caisses de boissons pour la soirée d'ouverture, tandis que le magasin se remplissait de visiteurs. Bientôt, un attroupement gigantesque s'était formé devant la boutique. Tout le monde voulait voir cette bibliothèque d'un genre nouveau.

Jamais sans doute dans son histoire Berlin-Mitte n'avait connu plus grand rassemblement.

En un rien de temps, la liste de commandes fut entièrement remplie. Un succès commercial colossal.

Entre-temps la fête d'ouverture s'était transformée en une grande soirée de gala, car j'avais convié pas moins de trois cents disc-jockeys à venir passer chacun son disque favori. Les plus de dix mille invités étaient ravis d'assister à l'événement mondain le plus important de la décennie. De loin, j'aperçus mon colocataire Heinrich escaladant la proto-bibliothèque avec ses stilettos rouges. Perché à son sommet, il lança son verre contre le mur et fit tournoyer sa peau de renard tel un lasso. Puis il chuta, et la bibliothèque avec.

« C'est quoi ici, un genre de performance ? » me demanda méfiant un étudiant maigrichon tout en se mouchant méticuleusement. « Ces étagères me font penser à ce plasticien… Donald quelque chose. »

« Duck ? » demandai-je sans malice.

« Et cette boutique qui n'a qu'une seule bibliothèque, poursuivit l'étudiant, ce n'est pas un vrai magasin ! Ce serait plutôt… »

« Voyez-vous, lui dis-je en posant une main paternelle sur son épaule, le fait est qu'il n'y a pas de critères objectifs pour définir ce qui relève de l'art et ce qui n'en relève pas. C'est pourquoi tout ce qu'un homme déclare être de l'art est effectivement de l'art. Mais du même coup, tout ce qu'un homme déclare ne pas être de l'art, n'est pas de l'art. Et si je déclare que ce magasin de meubles n'est pas de l'art, mais un magasin de meubles, alors ce n'est pas de l'art, mais un magasin de meubles. »

Le lendemain matin, je me mis en devoir de balayer les bris de verre de la veille, puis décrochai la liste de commandes qui aujourd'hui encore est punaisée au-dessus de mon secrétaire en acajou vieux d'un demi-millénaire. Je comptai : trente-trois commandes ! Bien plus que ce que j'avais espéré pour tout le premier mois.

« Trente-trois commandes ! » criai-je en direction de Heinrich, qui entrait à cet instant précis dans le magasin, perché sur ces talons aiguilles, une énorme bouteille de jus de myrtille à la main. « Avec les bénéfices, je vais pouvoir couvrir toutes les dépenses de ce mois. Et investir l'argent qui reste dans l'extension de mon académie ! » Heinrich regarda par la fenêtre sans dire un mot, caressa rêveusement son épaisse barbe, prit une gorgée de jus et sortit à petits pas perché sur ses hauts talons.

Je passai les dix jours suivants la perceuse à la main dans les pièces du fond de ma boutique à monter bibliothèque sur bibliothèque, que je chargeais dans ma fourgonnette pour les livrer chez mes clients, tout en prenant les appels sur ma hotline commerciale qui sonnait sans interruption, pendant que la porte du magasin s'ouvrait à tout bout de champ laissant entrer de nouveaux clients, des courtiers d'assurance, des musiciens de rue, des mormons, des saltimbanques, des pickpockets. Sans parler des retraités venus nous voir pour s'enquérir si, par hasard, il n'y avait pas des buffets en chêne foncé.

Il m'aurait fallu embaucher un vendeur, mais j'étais pour cela beaucoup trop économe. À défaut, je vissai sur la porte une plaque en laiton poli : « Magasin fermé du lundi au dimanche », puis posai sur les deux vitrines un minuscule autocollant: « Désormais encore moins de choix ».

Rien n'y fit. Chaque jour affluaient de nouvelles commandes.

Tous les matins je me réveillais d'excellente humeur, enfilais mes belles pantoufles de retraité en similicuir tressé, un pantalon couleur sable ainsi qu'une chemise blanche, et me rendais à mon magasin d'un pas tranquille, la pipe au bec. Avec le livreur de bois, je déchargeais du camion une nouvelle cargaison de plaques medium. Faisais des petites blagues aux enfants qui passaient. Et montais des bibliothèques pendant quelques heures. Le reste de la journée j'allais me promener.

J'étais heureux comme un pape.

Pour augmenter le volume des ventes de ma bibliothèque et évincer enfin du marché mon détestable concurrent suédois, je lançai une campagne marketing impayable baptisée : « Échangé, découpé, satisfait ». Chaque possesseur d'une billyothèque suédoise était invité à l'apporter à mon magasin le 29 septembre 1999 pour la faire débiter en bois de chauffage, en échange de quoi il repartirait avec une bibliothèque MOEBEL HORZON offerte. À la fin de la présentation de mon projet, le 27 août, lors de la business-conférence de la Chambre de commerce et d'industrie de Berlin, un silence complet accueillit mes paroles. L'auditoire n'avait jamais rien ouï de tel. Puis des raclements de gorge se firent entendre. Puis des vivats. Puis un tonnerre d'applaudissements.

La raison pour laquelle j'avais été invité à cette conférence ? Peu avant, j'avais publié un opuscule : *Être moderne, vol.* 2, dont la totalité du tirage fut elle aussi fort heureusement détruite lors de l'inondation de ma cave. Du plus loin qu'il m'en souvienne, l'ouvrage traitait essentiellement de fitness, de science et de marketing.

Le chapitre marketing devant même, je crois bien, occuper la plus grande part du livre. C'était un vaste copier-coller réalisé à partir d'une vingtaine de publications spécialisées sur la question. Pour qu'on n'y voie que du feu, j'avais pris soin de ne jamais recopier à la suite deux phrases tirées du même ouvrage. Le résultat était ma foi fort curieux. Quoi qu'il en fût, les organisateurs de la business-conférence avaient visiblement trouvé le livre assez intéressant pour vouloir m'inviter.

Vint le matin du 29 septembre, jour du grand troc. Comme d'habitude, vers onze heures du matin je partis à mon magasin, fredonnant la pipe au bec. Arrivé sur place, j'en fus comme deux ronds de flan. Devant le magasin des dizaines de billyothèques à deux balles s'entassaient en une montagne de planches.

Je passai la journée entière à débiter à la tronçonneuse et sous l'œil des caméras ces billyothèques à deux balles, tandis que mon colocataire Heinrich notait les adresses des déposants.

Le lendemain, au magasin de bricolage où j'étais parti acheter de quoi monter la bonne centaine de bibliothèques offertes, je rencontrai Björn Dahlem venu acheter des lattes et des douilles pour sa toute première sculpture. Je lui proposai de faire quelques extras au magasin comme monteur de bibliothèques, car j'avais désormais un besoin urgent de personnel.

« Bonne idée, fit l'aimable sculpteur. Seulement, je dois partir demain pour deux semaines à Düsseldorf ! Mais viens ce soir chez Anselm, on fera la cuisine tous ensemble, c'est l'occasion rêvée pour recruter du personnel. »

Quand j'ouvris ce soir-là la porte de chez Anselm Reyle, je pris en pleine figure une épaisse fumée âcre. Tous était attablés, fumant du Javaanse Jongens : Thomas Zipp, Dirk Bell, Thilo Heinzmann, André Butzer, Björn Dahlem, Marten Frerichs, Guido Baudach. Ils me firent une peur bleue, tous étaient vêtus comme les cyniques grecs et portaient de sombres chapeaux mous. Tous, sauf André Butzer, qui arborait un de ses pull-overs psychédéliques à cybermotifs, un jean repassé et des chaussures *ecco* en similicuir gris souris. Et Anselm Reyle, qui portait une chemise d'un blanc immaculé. Quand ils m'aperçurent, Thilo Heinzmann se leva d'un bond et s'écria : « Garçon, une bibliothèque ! Et que ça saute ! » Puis il se jeta par terre et roula sous la table.

Table sur laquelle trônait un gigantesque bol de punch rose fluo où nageaient des tranches de pain de mie et des saucisses de Francfort. Personne ne parlait, tous me dévisageaient bouche cousue. Je remarquai avec stupeur qu'ils louchaient tous.

Anselm Reyle étant la seule personne dans la pièce avec qui l'on pût encore parler, je le pris à part et lui proposai de venir travailler dans ma manufacture de meubles. Mais il avait d'autres projets. Il me montra des feuilles de métal colorées qu'il comptait découper en fines bandes pour en faire des collages. Là-dessus, tous les autres se mirent à parler des tableaux qu'ils étaient en train de confectionner.

« Mais pourquoi n'apprenez-vous pas un vrai métier, pourquoi ne devenez-vous pas carreleur, médecin ou gestionnaire d'entreprise ? m'écriai-je. Ce serait bien plus sensé ! Surtout que vous voulez faire de l'argent, non ? »

Fou rire général.

Six ou sept ans plus tard ils finirent par acheter l'un après l'autre : qui un corps de ferme, qui un cottage, qui une maison de maître, qui une gentilhommière, qui un manoir, qui un immeuble, qui un appartement, qui une villa, qui un atelier, qui toute une usine.

Mais à l'époque ils étaient encore pauvres comme Job.

Le lendemain matin Thomas Zipp et Dirk Bell se pointèrent dans mon magasin. J'étais ravi, monter les bibliothèques à trois était bien plus amusant. D'autant plus que les deux autres avaient des tas d'histoires passionnantes à raconter. Celles de Thomas Zipp grouillaient de têtes de morts, d'acide chlorhydrique, de motos et de tronçonneuses ; celles de Dirk Bell de nymphes, de prairies, de forêts, de couchers et de levers de soleil.

Quand Thomas Zipp fit sa première exposition dans la galerie Maschenmode de Guido Baudach à l'autre bout de la Torstrasse, nous allâmes tous au vernissage. Il avait disposé dans toute la galerie des vieux canapés, des dessertes et des buffets. Lorsqu'il y eut assez de monde, il passa avec un jerricane, arrosa les meubles d'essence, puis mit le feu. Panique immédiate. Heureusement l'incendie put être rapidement éteint.

« Quel beau travail, Thomas ! » fit Burkhard Riemschneider, qui lui aussi était venu.

« Espérons qu'il ne fera pas un jour la même chose dans ma boutique » pensai-je.

Une belle époque, somme toute. Semaine après semaine, les commandes de bibliothèques, émanant exclusivement de clients beaux, intelligents et sympathiques, augmentaient. Et pour ce qui était de mon personnel, le bruit s'était vite répandu que ma manufacture employait exclusivement des génies, qui en moins de temps qu'il n'en faut pour l'écrire devenaient des stars sur la scène artistique internationale. Désormais chaque nouvel employé était suivi de près par mes amis galeristes.

Avec tout l'argent que je gagnais désormais, je pus bientôt louer des locaux plus vastes pour mon académie.

Pour l'inauguration, en 1999, des nouvelles salles de séminaires dans la Linienstrasse, j'avais convié un conférencier de l'entreprise Siemens. Le gouvernement venait tout juste de prendre la décision de sortir du nucléaire. Sujet du séminaire : « Sortir du nucléaire : le bon choix ? » À en croire l'entreprise Siemens, nullement.

Quelques années plus tard, je fis la connaissance de Carl von Siemens au Rio et le priai aussitôt de venir donner une conférence. Ce fut l'une des plus instructives de toute l'histoire de l'Académie des sciences : un cours magistral sur une communauté ancêtre du mouvement hippie qui s'était établie vers 1900 sur le Monte Verità en Italie. Carl von Siemens était très au fait de l'histoire du Monte Verità, car le hasard avait voulu que sa famille possédât une villa précisément sur cette montagne.

Tandis que son arrière-grand-mère, comme dans un tableau d'Anselm Feuerbach, laissait vaguer son regard sur le paysage enchanteur en jouant du piano, à quelques centaines de mètres seulement un groupe de marginaux jouait du piano et dansait sauvagement, expérimentant un mode de vie radicalement contraire aux mœurs et à la pensée bourgeoises.

J'étais fasciné.

Chaque séminaire auquel j'assistais dans ma propre académie ajoutait un nouveau pilier à l'immense édifice théorique de la Nouvelle Réalité. Et chaque séminaire me rendait plus intelligent encore. *Homines dum docent, discunt*: les hommes apprennent en enseignant.

Je méditais sur ce que j'avais entendu à l'académie quand je montais mes bibliothèques, quand je livrais mes bibliothèques, et quand le soir je comptais l'argent gagné avec mes bibliothèques.

La Nouvelle Réalité avait pris possession de mes pensées et de mes actes.

CHAPITRE II

Au bout de huit mois, j'en eus assez de méditer et de visser sans fin dans ma manufacture de meubles. J'eus envie de nager.

Je suspendis dans la vitrine de mon magasin un écriteau « Congés d'été » et sur la porte de mon académie un avis « Vacances semestrielles ». J'informai Dirk Bell et Thomas Zipp qu'ils pouvaient se consacrer pendant deux semaines à leur peinture, et me rendis à la gare.

De Berlin j'allai à Paris, et à Paris je pris le train de nuit pour Nice.

Quand le train entra en gare au petit jour, je remarquai que le quai était désert. Seul un mendiant aveugle et enturbanné traînait dans la brume matinale. Entendant mes pas, il s'approcha de moi et me tendit la main.

« La charité, monsieur » fit-il.

Je fouillai mes poches à la recherche de ma liasse de billets que j'avais prise pour le voyage et lui donnai dix francs.

« Donnez tout, monsieur » dit le mendiant aveugle.

« Mais… c'est tout ce que j'ai » mentis-je.

« Seul celui qui donne tout donne vraiment, monsieur » dit le mendiant aveugle.

Je me demandai un instant s'il disait vrai, puis je sortis toute ma liasse, ne gardai que cent francs et lui donnai le reste.

« Soyez béni » murmura l'homme, qui se sauva avec une

prestesse inattendue. C'est alors seulement que je remarquai sa ressemblance frappante avec Signora Sarasate! Mais il avait déjà disparu dans la brume.

« Tant pis, pensai-je. Je ne logerai pas au Negresco, mais chez tantine Ursel, avenue des Palmiers. »

D'humeur joyeuse et chantant à tue-tête, j'allai de la gare à l'avenue Jean Médecin, que je descendis en flânant jusqu'à la place Masséna. Là, je pris sur la droite la petite rue Saint-François de Paule où se trouvait – au numéro 14 – la première destination de mon voyage : la boutique d'huile d'olive Alziari. Comme à mon habitude, j'achetai cinq flacons de leur shampooing à l'huile d'olive fabriqué selon une recette ancestrale. J'en versai aussitôt quelques gouttes dans l'échancrure de ma chemise et inspirai profondément ce parfum unique entre tous. Du reste, ce shampooing ne sent pas du tout l'olive, sa teneur en huile d'olive ne dépassant pas le demi pour cent. Mais peu importe, il est fabriqué dans le moulin à huile d'olive Alziari, et il est le seul shampooing supportable au monde. Aujourd'hui encore, et malgré mon grand âge, je m'enduis quotidiennement le corps de ce shampooing qui garde ma peau douce et souple.

Mes emplettes chez Alziari terminées, je poussai jusqu'à la rue Milton Robbins, la plus étroite de Nice, qui débouche sur la promenade des Anglais. Je la pris à seule fin de jouir de l'effet produit lorsque, sortant de cette sombre ruelle, l'on arrive brusquement sur la plus belle et la plus lumineuse promenade du monde pour admirer la grande bleue.

Détendu et serein, je traversai la promenade et, me penchant sur le parapet, contemplai en contrebas la plage de galets blancs.

Le fait que Nice ne possède pas une plage de sable fin mais

de galets est considéré par beaucoup comme un désagrément. Pourtant le sable fin cause des désagréments bien plus grands : il est ultra-dangereux pour les appareils-photos, il rend impossibles les pique-niques sur la plage, et le soir, malgré la douche, il en reste toujours dans les cheveux, tant et si bien que l'on en retrouve partout dans son lit.

Notons que cette plage de galets est précisément ce qui donne à la mer de Nice sa couleur si claire et azurée : le roulis des galets dans le ressac produit une fine poussière calcaire blanche qui rend l'eau laiteuse, et le ciel au bleu profond, s'y reflétant, la fait paraître ainsi bleu clair. C'est d'ailleurs moi qui ai fait cette découverte après avoir observé pendant toute une journée le ressac niçois, découverte scientifique sans doute parmi les plus importantes que je laisserai à la postérité.

Mon sac rempli de shampooings à l'huile d'olive, je flânai donc le long de la promenade, le cœur content, clignant des yeux vers le ciel, quand soudain mon regard effleura une rangée de barques qui scintillaient sous le soleil le long de la Sporting Beach en face de l'hôtel Westminster.

Je courus louer aussitôt la plus grande de ces barques avec mes derniers francs et fis force de rames vers le large. Arthur Cravan me vint à l'esprit. Bas Jan Ader me vint à l'esprit.

Je ramai longtemps, jusqu'à ce que les silhouettes sur la plage fussent aussi petites que les grains de sable. Puis j'ôtai la rame droite de la dame de nage, et à défaut d'en frapper Jude Law comme Matt Damon dans *Le Talentueux Mr Ripley*, la calai adroitement à la verticale entre la banquette et le couple. Je fis de même avec la seconde rame de l'autre côté de la banquette. Après quoi je tendis ma chemise blanche déboutonnée entre ces mâts improvisés.

Une forte brise de nord-est me poussa le long de la côte à environ six nœuds, direction ouest, de sorte qu'après trois petites heures de route j'avais déjà contourné le cap d'Antibes et faisais voile vers Cannes. Ayant enfant passé littéralement toutes mes vacances en Suède à bord d'une *Square Metre Rule*, j'étais un yachtman aguerri.

J'avais mis le cap sur l'hôtel Martinez, le tout premier sur la Croisette, et l'arrivée de mon yacht fit son petit effet. Un touriste américain fut si impressionné par les lignes de mon bateau qu'après de longues palabres je finis par le lui céder pour quelque dix mille francs.

Cette longue période de privations en haute mer – je n'avais que mes flacons de shampooing sur moi, dont je savais que je ne devais en aucun cas boire ! – fit que je me mis à délirer. Je voyais Signora Sarasate partout ! Je m'en fus au plus vite au restaurant du Martinez, où soit dit en passant je devais à peine quatre années plus tard demander ma femme en mariage, et commandai un litre d'eau plate ainsi qu'un steak saignant.

Ensuite je flânai le long de la plage jusqu'au collège international où quelques années plus tôt j'avais pris mon premier cours de français. En guise de provision j'achetai dans une paillote un pan-bagnat : un petit pain rond et moelleux fourré au thon, aux œufs durs, aux tomates, aux oignons et à la salade. Ainsi pourvu je me rendis à la gare, montai dans le train argenté que les gens du cru appellent « l'éclair du littoral » et m'en revins à Nice.

À cette époque il était encore possible d'ouvrir les portes du train pendant le trajet pour se laisser rafraîchir par le vent. Plus tard, hélas, ce train fut modernisé, curieusement au même moment et par la même entreprise que les vieilles rames en bois du S-Bahn berlinois, si bien qu'il ne fut plus possible, ni à Nice ni à Berlin, d'ouvrir les portes d'un train en marche.

Si je l'avais su à l'époque, assis devant la porte ouverte de mon Éclair du littoral, dévorant avec bonheur mon pan-bagnat en regardant le ruban infini de galets défiler dans le soleil couchant, peut-être aurais-je savouré plus encore ce voyage.

Arrivé à la gare, je rejoignis cette fois la promenade par un autre chemin. Passant devant *Le Ruhl*, je vis un amiral suédois quitter le casino. Il venait sans doute de perdre toute sa fortune au jeu. Il s'assit sur l'un des petits bancs dans le jardin du casino et, avec son arme de service, mit fin à sa vie désormais dénuée de sens. Comme tant d'autres joueurs avant lui. Ce pourquoi la vox populi appelle ce jardin « le square des suicidés ».

Quelque peu contrarié, je continuai ma promenade, passai d'un pas léger devant l'hôpital où Klaus Mann avait fait son ultime tentative de sevrage d'héroïne, puis arrivai sur la terrasse Frédéric Nietzsche, promenade préférée du grand philosophe, qui avait passé ici quelques étés avant de sombrer définitivement dans la folie.

Mais même les pensées les plus sombres s'envolent sitôt qu'on foule la promenade des Anglais. Au crépuscule, surtout, cette allée bordée de palmiers exhale une atmosphère où tout paraît plus grand, plus beau.

Satisfait de ma dure journée de labeur, l'âme en paix avec moi-même et le monde, je me couchai sur la plage de galets encore chaude et m'endormis.

Le lendemain matin, je pris un bon bain dans la mer d'azur, m'achetai une pastèque pour le petit déjeuner et me baladai quelques heures sur le rivage. À quoi tenait le charme si particulier de cette promenade ? C'étaient les palmiers, c'était le ciel, c'était la plage et c'était la mer. Mais le plus extraordinaire ne me frappa qu'à cet instant : bien sûr ! la foule de princes bulgares et roumains, flânant toute la sainte journée d'un bout à l'autre de la promenade, vêtus d'une garde-robe uniforme, composée d'un pantalon blanc, de chaussures bateau en cuir blanc et d'une chemisette bleu marine.

Je courus aussitôt chez le premier tailleur pour homme et me fis habiller à neuf dans le costume local. Et quoique venu à Nice pour me distraire du monde des affaires berlinois, j'eus en sortant dans la rue vêtu de mon nouvel uniforme un éclair de génie. Une idée d'affaire.

Fonder une maison de couture dont la collection se résumerait en tout et pour tout à ce même uniforme : pantalon blanc, chemisette bleue, chaussures bateau blanches, décliné pour Madame en jupe blanche et chemisier bleu. Cette réduction à l'essentiel devait, du moins l'espérais-je, réitérer mon immense succès dans l'ameublement.

Je pavoisais encore un peu sur la promenade des Anglais revêtu de mon nouvel uniforme, quand tout à coup il me revint à l'esprit que je voulais rendre visite à tantine Ursel. Il était de toute manière exclu de dormir sur la plage de galets dans ma nouvelle tenue, et je ne pouvais pas davantage descendre à l'hôtel, puisque les dix mille francs que m'avait rapportés la vente du voilier étaient pour ainsi dire déjà dépensés.

J'allai donc place Masséna, achetai pour ma tante un ballotin de chocolats et me mis en route pour l'avenue des Palmiers. Comme toujours, tantine taillait à la tenaille sa glycine dont les gigantesques grappes mauves dégringolaient en cascade devant le portail de sa villa. Me voyant débarquer, comme je ne m'étais pas annoncé, elle faillit tomber de son échelle.

« Rafi, comme tu es bien habillé ! Mais où donc sont tes bagages ? » cria-t-elle du haut de l'échelle.

« Mais, ma tante, criai-je du bas de l'échelle, tu sais bien que je n'ai jamais de bagages ! Je voyage toujours avec un tout petit sac plastique ne contenant que mon appareil photo et ma brosse à dents. » Ce disant, je brandis mon gigantesque sac marin.

Après ce court échange – tantine et moi n'avions rien de plus à nous dire, on s'aimait bien comme ça – nous entrâmes dans la cuisine et fîmes à manger.

Je passai les dix jours suivants dans la villa de ma tante à cueillir les fleurs du jardin que je mettais sous presse pour un nouveau projet, un herbier exhaustif intitulé *Flora Meridiana*. Le reste du temps, je bullais allongé sur les galets de la plage de Nice.

Au bout d'un moment, submergé par le désir de revoir Madame Glowny, je décidai de rentrer à Berlin. À peine arrivé, je me rendis Winsstrasse, montai les deux étages et sonnai – mais Madame Glawny n'était pas chez elle. J'y retournai le lendemain matin – elle n'était toujours pas chez elle. Pour me changer les idées, je me jetai à corps perdu dans le travail. Je chargeai le célèbre tailleur Rodriguez Knoll de confectionner les prototypes de ma collection.

J'eus tôt fait de trouver un nom pour ma maison de couture: *Yves Saint-Lautréamont*. Las, les intraitables avocats du tsar parisien de la mode m'en interdirent l'usage.

Le nom que je forgeai alors en référence à la société sœur MOEBEL HORZON, *Karl Regalfeld*[1], n'eut pas plus l'heur de plaire aux avocats du tsar allemand de la mode.

Finalement, je baptisai ma maison de couture GELEE ROYALE. Nom dont on sait notoirement qu'il fut repris à trois lettres près par mes amis quand ils ouvrirent quelques années plus tard leur restaurant *Grill Royal*, mais ne brûlons pas les étapes.

Lorsque, au bout de dix-huit petites semaines, les proto-pantalons et les proto-chemises furent prêts, j'appelai ma jolie cousine Isabelle, le jeune diplomate André Czech et le célèbre journaliste mondain Ingo Mocek, et les emmenai tous à l'aéroclub le plus proche.

Le message transmis pas les clichés de ma première collection, où mes mannequins se serrent la main dans une ambiance très coupé-sport-aéroclub, était le suivant: en GELEE ROYALE, pas une journée ne passe sans que tu ne rencontres des gens intéressants et formidables.

Ensuite, j'organisai un grand gala GELEE ROYALE au club WMF. C'est sans doute peu de dire que Berlin n'avait encore jamais vu de soirée pareille. Lorsque, après une première partie assurée par quelques groupes et disc-jockeys, Marcel Hüppauff et Markus Selg du projet Nightshift entrèrent sur scène en tenue bondage cuir, je perdis un instant connaissance, tant il y avait de monde, et tant l'air était raréfié. Car naturellement l'entrée était libre, tous les frais étant pris en

1. Regal: étagère, bibliothèque (Ndt).

charge par la direction de la maison de couture GELEE ROYALE. Malheureusement, les gens ne pouvaient pas le savoir. Qui plus est, les mannequins que j'avais engagés pour qu'ils se fondissent dans la foule en tenue GELEE ROYALE furent totalement noyés dans la cohue. Comme j'avais également renoncé aux immenses bannières et projections tapageuses du logo, personne n'eut la moindre idée de ce qu'était GELEE ROYALE, ni même ne sut qu'il existât une maison de couture de ce nom.

Ceci expliquant cela, le jour suivant la boutique GELEE ROYALE ne fut pas prise d'assaut par la foule. Pire encore, de boutique GELEE ROYALE il n'y avait point !

Comment avait-on pu en arriver là ? L'explication est simple : juste avant la création de ma maison de couture, une chose appelée Internet venait d'être inventée, et toutes les entreprises liées de près ou de loin à ce nouveau médium généraient une incroyable vague d'hystérie. Cette année-là, tous mes amis étaient devenus multimillionnaires en l'espace de quelques jours.

Un des mes amis avait crée une entreprise proposant des colliers pour chien sur internet. Dès le lendemain, son entreprise lui fut rachetée par un fonds d'investissement pour trois millions de marks. Un autre avait ouvert une page qui proposait des brosses à dents. Le jour suivant, il la céda pour quatre millions.

Les locaux commerciaux ne semblaient soudain plus indispensables pour qui voulait devenir richissime en deux temps trois mouvements. C'est pourquoi j'avais renoncé moi-même à louer une boutique pour ma maison de couture. La vente fut externalisée, comme on disait alors, sur Internet.

Lorsque au bout d'une petite année il apparut que pas un collier pour chien, pas une brosse à dents ne s'étaient vendus via Internet, la grande boutique planétaire de la toile s'effondra avec fracas.

En neuf mois, la boutique online de GELEE ROYALE n'avait pas davantage enregistré la moindre vente.

Las, ce n'était que le premier d'une longue succession d'échecs spectaculaires qui jalonnèrent ma longue carrière d'homme d'affaires.

CHAPITRE 12

Quelques jours après le gala GELEE ROYALE, j'étais assis, l'âme en peine, dans mon appartement de la Brunnenstrasse, ruminant les raisons pour lesquelles ma maison de couture était un si cuisant échec. Sur mon secrétaire en acajou les factures s'amoncelaient. Rodriguez Knoll, les mannequins, le club WMF, les innombrables disc-jockeys et musiciens, le labo photo, l'aéroclub: tous réclamaient l'argent que GELEE ROYALE n'avait pas rapporté.

« Heinrich, c'est la faillite ! » criai-je de mon immense chambre vers l'immense chambre voisine où logeait Heinrich.

Je n'obtins pas de réponse.

« Heinrich, es-tu là ? » criai-je.

Pas de réponse.

Inquiet, je me levai et allai voir. Heinrich était assis sur une chaise de camping au milieu de sa chambre par ailleurs totalement vide, vêtu d'une toge blanche et de poulaines, sa longue chevelure retenue dans une résille. Méditatif, il caressait sa longue barbe et, derrière les verres ovales de ses lunettes cerclées d'or et démesurément grandes, regardait dans le vide par la fenêtre.

« Que fais-tu donc ? » demandai-je.

Pas de réponse.

« Es-tu malade ? »

Pas de réponse.

Après un long silence – j'étais sur le point de quitter la

chambre à pas feutrés –, Heinrich dit d'une voix nasale en traînant bizarrement sur les mots :

« Je pense... »

Comme je le découvris plus tard, il était en train de créer devant son œil intérieur un tableau qu'il avait dans l'idée de peindre. Thomas Zipp nous avait proposé, ainsi qu'à quelques autres amis, de participer à une exposition qu'il s'apprêtait à monter dans la galerie de Guido Baudach. Chacun devait peindre une tête de mort. Il va sans dire que j'avais aussitôt décliné l'offre.

« Tu sais bien que je suis entrepreneur, et non pas artiste » lui avais-je déclaré.

Pour toute réponse, Zipp, malgré son strabisme divergeant, m'avait percé du regard, puis était reparti en haussant les épaules.

Pendant quelques jours Heinrich pensa encore intensément à son tableau de tête de mort, avant de finir par ne pas s'y mettre.

Cela faisait déjà quelques mois qu'il habitait dans mon appartement. Il avait débarqué un soir avec un immense sac en tissu noir, aussi grand qu'une armoire. Quand il l'avait vidé au milieu de sa nouvelle chambre, étaient apparus non pas des vêtements, mais un monceau de médicaments homéopathiques, une montagne de pilules, granules, fioles, cachets par milliers.

Ce qui me fascinait le plus chez Heinrich, c'était qu'il ne mangeait jamais. Il se nourrissait exclusivement de jus, en quête perpétuelle de nouvelles variétés exotiques : jus de concombre, jus d'herbes, jus d'écorce... Pendant tous ces mois je ne l'avais pas vu une seule fois sans une de ces bouteilles de jus à la main, dont il prenait continuellement de petites gorgées.

Quelques mois après son emménagement, Heinrich s'acheta pour tout mobilier un tourne-disque et se constitua une importante collection de 33 tours en un rien de temps. Du matin au soir il passait des disques de ragga, bien avant que quiconque à Berlin ne sût que cette musique existât. Tout en écoutant il déambulait dans sa chambre perché sur ses talons aiguilles, appuyé sur sa canne en verre, et méditait.

Il développait sans cesse de nouvelles obsessions. Un soir, il rentra avec deux gigantesques livres, des ouvrages sur le tir à l'arc rituel japonais. Pendant des semaines il les étudia consciencieusement ligne après ligne, illustration après illustration, après quoi il commanda au Japon un costume et un arc rituels. Revêtu de ces insignes, il alla se présenter à l'Association berlinoise de tir à l'arc. Deux heures plus tard, il était de retour. Il ne m'a jamais raconté ce qui s'était passé à l'Association, toujours est-il que son intérêt pour le tir à l'arc s'arrêta là.

Après quoi, il s'adonna à l'escrime, sans doute moins pour l'aspect sportif que pour la tenue blanche et le masque grillagé des escrimeurs. À croire qu'il avait acheté sa panoplie d'escrime dans le seul but de la porter quand il passait des disques au bar de Dirk Bell dans la Marienstrasse.

Peu après sa période escrime, il se passionna pour les chiens. Pendant des mois il étudia des magazines spécialisés dans l'élevage et l'entretien des lévriers. À cette époque, il fumait exclusivement des cigarettes Shepheard's Hotel et portait exclusivement des costumes Trussardi, pour la simple raison que ces deux marques avaient un lévrier sur leur logo.

Les mois suivants furent consacrés à l'étude de la fumée. Il avait monté une machine à fumée dans une boîte en plexiglas et observait des journées entières les compositions qui s'y formaient, fasciné par leur caractère aléatoire.

« Si quelqu'un a touché du doigt ce qu'est la Nouvelle Réalité, c'est bien lui ! » pensai-je, l'épiant dans son fumoir à travers l'entrebâillement de la porte. Sans le savoir, il semblait avoir dès cette époque mis en pratique la Troisième Voie de manière infiniment plus radicale que moi.

Hélas, un jour il décida quand même de devenir artiste, trajectoire classique d'un jeune homme bourré d'idées intéressantes. J'eus beau essayer de lui expliquer la théorie de la Nouvelle Réalité, Heinrich se contenta de prendre une rasade de jus de bouleau et passa sous mon nez perché sur ses talons aiguilles.

« Heinrich, c'est la faillite ! repris-je. Personne n'a encore commandé la moindre chemise GELEE ROYALE ! Ni le moindre pantalon ! »

Heinrich ne dit rien et continua de regarder fixement par la fenêtre.

Puis, soudain, il daigna se tourner vers moi, me dévisagea et demanda en traînant bizarrement sur les mots : « Même pas une cravate serre-tête ? »

Il est vrai, la collection GELEE ROYALE ne se résumait pas au tiercé chemise–pantalon–jupe. Il y avait aussi la cravate serre-tête : en tissu stretch, elle se terminait par une boucle que l'on pouvait glisser par-dessous le col de la chemise. Après sa journée de bureau, Monsieur pouvait aller directement sur le court de tennis, où il n'avait qu'à relever la boucle sur son front pour obtenir un bandana. Et comme cet accessoire ingénieux possédait au revers de petites poches cousues pour cartes de crédit et billets de banque, Monsieur pouvait régler à la buvette du club sa consommation en un tour de cravate.

Heinrich avait fait preuve d'un bel enthousiasme lorsqu'il avait été question de fabriquer la cravate serre-tête. J'avais déjà essayé de l'employer dans ma manufacture, mais il s'était montré si gauche que nous avions dû y renoncer. À présent je me rendais compte qu'il avait bien caché son jeu. En l'espace d'une simple journée, il avait déniché une machine à coudre et confectionné la très sophistiquée cravate serre-tête. En outre, il avait fait en sorte qu'avant même le lancement de GELEE ROYALE, le magazine de mode le plus influent au monde, *Purple*, publiât un article de cinq pages sur la cravate serre-tête.

D'où l'intérêt subit de Heinrich.

« Pas la moindre cravate serre-tête ? » demanda-t-il éberlué. « Mais je viens à peine de commander vingt rouleaux de tissu cravate en Lettonie. Avec quoi allons-nous les régler ? »

À cet instant le téléphone sonna. La hotline de commande MOEBEL HORZON ! Dieu merci, il nous restait toujours cette entreprise !

« Ici Koze, dit la voix à l'autre bout du fil, Koze de Hambourg. J'aimerais passer commande de cent bibliothèques pour ma collection de disques. »

Excité comme une puce, je notai l'adresse de mon correspondant. Trois jours plus tôt Koze s'était produit à Berlin coiffé d'une immense perruque en poil de loup, et j'avais découvert à cette occasion qu'il s'agissait là du plus grand musicien vivant au monde.

Heinrich appela sur-le-champ à Hambourg nos amis

Carsten Jost et Lawrence pour les prévenir que nous passerions le week-end suivant. Il était probablement loin de se douter alors que Carsten Jost, de son vrai nom David Lieske, deviendrait à peine quelques années plus tard un artiste de renommée mondiale. Lui et Lawrence, de son vrai nom Pete, venaient tout juste de fonder le label de disques Dial, et Heinrich tenait absolument à faire le disc-jockey avec eux au Pudel.

Trois jours plus tard, nous chargeâmes les cent bibliothèques de Koze dans un énorme semi-remorque. Heinrich prit le volant, je m'installai sur le siège passager, et nous partîmes.

Au bout de quelques mètres je constatai qu'Heinrich roulait dans la mauvaise direction.

« Ce n'est pas la route de Hambourg ! » m'écriai-je.

« Je passe juste me changer, j'en ai pour une seconde... » fit Heinrich en traînant sur les mots, tout en garant la voiture devant notre immeuble.

« Comment ? m'écriai-je. Mais enfin, il est dix-neuf heures dix-neuf ! On devrait déjà être à Hambourg ! »

Sans dire un mot Heinrich claqua la portière et disparut dans l'entrée de notre immeuble.

Il en ressortit trois heures plus tard. Avec ses chaussures de boxe dorées, il portait un survêtement froufroutant en soie synthétique jaune, et s'était enroulé autour du cou plusieurs lourdes chaînes en or lestées de pendentifs scintillants et clignotants fonctionnant sur piles. Sur la tête il avait empilé deux casquettes trucker vert fluo, et par-dessus ces deux casquettes une autre, pourvue de bras de Mickey qui pouvaient applaudir. Il avait noirci les verres de ses lunettes au marqueur indélébile, ne laissant que deux petites ouvertures en forme d'œil à travers lesquelles il ne voyait quasiment rien. Pour couronner le tout, il portait sur les oreilles un gros casque audio de disc-jockey d'où s'échappait du bruit.

Clignotant et étincelant, il s'installa au volant et, non content du bruit dans ses oreilles, mit la radio à fond. Dans une main il tenait une bouteille de Club-Mate, dans l'autre une canette de Red Bull. Comme cela l'empêchait de passer les vitesses, il fit la totalité du trajet jusqu'à Hambourg en première. Nous dûmes nous arrêter à chaque station-service pour asperger le moteur brûlant d'eau froide et refaire le plein de Red Bull pour Heinrich. Il dut boire sur le trajet quelque huit litres de cette limonade tonifiante.

Lorsque enfin nous arrivâmes à Hambourg, longtemps après minuit, Heinrich tremblait si fort qu'il pouvait à peine tourner le volant. Du reste, il était trop tard pour livrer les bibliothèques à Koze, et il ne nous restait plus qu'à nous rendre directement au Pudel en semi-remorque. En manœuvrant, Heinrich emboutit au passage trois voitures dans la Bernhard-Nocht-Strasse, puis deux autres dans la Davidstrasse, avant que nous songeassions à nous garer au milieu de la foule devant l'entrée du club.

La performance de Heinrich fut un succès indescriptible. Elle marqua la naissance de l'immense vague ragga qui devait déferler sur tout Hambourg dans les deux jours qui suivirent.

Quand nous nous réveillâmes le lendemain soir, nous allâmes aussitôt voir Koze à son studio d'enregistrement. Par chance, Koze n'avait pas remarqué que nous avions un jour de retard. Apparemment, la veille, lui-même n'était à Hambourg mais, comme le laissait entendre son récit, à Acapulco.

Pour notre retour à Berlin je préférai prendre le volant. D'ailleurs Heinrich était bien trop épuisé, et il dormit durant tout le trajet. Je mis le nouveau CD de Koze, qui devait paraître sous son nom d'artiste Adolf Noise. L'un des meilleurs CD qu'il m'ait été donné d'entendre.

Roulant à travers la nuit, j'eus un éclair de génie. Une idée d'affaire. Il fallait sans plus attendre fonder une nouvelle entreprise ! Peu avant, au cours d'une de mes longues promenades, j'avais été frappé par la déconcertante laideur de Berlin. Or à cet instant précis, j'eus l'idée d'un moyen pour éradiquer cette tare : des éléments de façade dont on revêtirait de manière uniforme tous les immeubles et les terrains vagues de Berlin !

Et puisque j'étais déjà à la tête d'une manufacture de meubles, d'une maison de couture et bientôt d'une entreprise de bâtiment, l'étape suivante s'imposait d'elle-même : devant mon œil intérieur je vis naître une firme vouée à transformer littéralement tous les domaines de l'existence humaine. Une firme où des chercheuses et des ingénieurs en blouse blanche rebâtissaient le monde dans sa totalité.

CHAPITRE 13

Le jour de mon retour de Hambourg, je reçus un appel. C'était Paul Snowden, à l'époque déjà le plus grand graphiste d'Allemagne. Deux semaines plus tôt, il avait acheté des bibliothèques pour sa collection de plus de cinq mille paires de baskets. Là, il venait de lire un article sur moi dans *Der Spiegel* et me faisait une offre de collaboration :

« Rafael, je veux te parler d'un projet, dit-il à sa manière très concentrée, typiquement néo-zélandaise, un projet qu'on pourrait lancer ensemble. Une agence, un peu comme une agence photo, qui fait office d'intermédiaire. Un genre de Magnum, mais pas pour photographes : pour graphistes et, pourquoi pas, pour designers de meubles. »

Je fus immédiatement intéressé. Pas tant par l'idée d'agence que Paul avait en tête, mais il se trouvait que la veille au soir j'avais eu une vision : une salle blanche où des gens tout de blanc vêtus remettaient entièrement le monde à neuf. Non seulement sur le plan graphique, non seulement dans l'ameublement, mais dans tous les domaines. Tous les secteurs de la vie devaient être remis à neuf. La langue. Le temps. L'habillement. L'architecture. La nourriture. La monnaie. La société. J'exposai à Paul le projet de cette entreprise, à côté de laquelle le Bauhaus passerait pour un amas de huttes bâties par de doux rêveurs du dimanche, pour un tas de feuilles mortes. Il était emballé et trouva aussitôt le nom génialissime de cette entreprise d'un genre nouveau : REDESIGNDEUTSCHLAND.

Dix minutes plus tard j'étais assis dans le salon de Paul, situé Strausberger Platz, avec vue sur la fontaine haute de vingt-neuf mètres. De la pièce attenante, dont la porte était peinte en noir, s'échappait un boucan infernal. Quand j'entrai dans la pièce obscure, un jeune homme épuisé, aux cheveux blonds séparés par une raie impeccable, se leva. C'était Christophe de Babalon, à l'époque déjà fort apprécié pour sa musique, surtout par les Japonais. Il me tendit la main avec un faible sourire et m'expliqua qu'il était en train de travailler à une nouvelle œuvre intitulée *Opium*. J'écoutai avec intérêt un court extrait, seul moment de ma vie où j'envisageai sérieusement le suicide.

Je m'empressai de retourner au salon. Paul et moi étions d'accord sur le fait que l'entreprise que nous avions en tête était si novatrice qu'il lui fallait un manifeste. Nous comptions faire imprimer ce manifeste par milliers et le distribuer dans toute la ville afin que tout le monde puisse saisir l'universalité de notre projet. Il y avait fort à parier que les commandes afflueraient, et l'argent aussi par la même occasion.

En dix minutes nous avions rédigé un manifeste en dix points. Écrit dans un allemand largement simplifié. Car le but de notre entreprise était de supprimer tout superflu, à commencer par un tas de règles inutiles de la grammaire allemande.

Sur ce, je rentrai chez moi et dessinai le mobilier pour le grand bureau collectif où nous allions bientôt travailler avec beaucoup d'autres. Sur une feuille de papier millimétré je dessinai à la règle et au stylo bille une chaise, puis une table. Toutes deux se composaient de quatre plateaux carrés de taille parfaitement identique. Le plan en était si simple qu'en deux temps trois mouvements n'importe qui pouvait monter ces meubles soi-même. Car la phrase-clé de notre manifeste était :

La solution la plus simple est la meilleure.

Phrase qui allait déterminer l'ensemble de notre action et de notre pensée pendant les mois à venir. Soit dit en passant, elle avait déjà déterminé ma propre vie antérieure et continue de le faire aujourd'hui encore, en dépit de mon âge canonique.

Toute la nuit je travaillai aux prototypes de la chaise et de la table carrées qui allaient devenir sous le nom « poste de travail 01 » l'un des produits phares de REDESIGNDEUTSCHLAND.

Le lendemain, après trois petites heures de sommeil, je me levai, m'habillai, pris mon petit déjeuner, écoutai un peu de jazz. Puis je m'entretins avec Paul et nous partîmes en quête de locaux et de collaborateurs adéquats. Peu après nous eûmes bientôt réuni quelques personnalités hors pair avec lesquelles nous voulions commencer à redessiner le monde :

Ingo Niermann, d'abord. Athlétique, le visage allongé, avec des yeux bleus qui accentuaient son allure british, il était excellent nageur. Lors de plusieurs soirées au Pogo, j'avais eu l'occasion de remarquer qu'il était également un danseur aussi brillant qu'infatigable. Je constatai bientôt que sa grande culture n'était pas seulement musicale, mais proprement universelle. Et non content d'être cultivé, il était aussi d'une intelligence effrayante.

Je lui donnai rendez-vous dans le parc du château de Sanssouci et lui exposai l'idée de notre nouvelle entreprise, que nous n'appelâmes bientôt plus que RDD. Il était conquis. Au café du parc du château, à l'aide d'un manuel de grammaire, nous esquissâmes séance tenante une grammaire RDD réduite à dix règles. Pour y parvenir nous arrachâmes toutes les pages superflues du manuel. Après quoi nous traduisîmes le manifeste de notre entreprise en cette langue nouvelle que nous appelâmes d'abord *néo-deutsch*, puis plus tard RD-*deutsch* – abréviation de *redesigndeutsch*. La phrase-clé de notre manifeste se disait désormais :

solution plus simple etre solution plus bon.

Notre grammaire était conçue de telle sorte qu'elle puisse s'appliquer non seulement à la langue allemande, mais à toutes les langues du monde. La promesse d'une grammaire universelle, chose dont l'humanité rêvait depuis des siècles, était devenue d'un seul coup, presque en passant, réalité. Nos dix règles – et par là même toutes les langues du monde – s'apprenaient en moins d'une heure. Il suffisait d'avoir un dictionnaire d'une langue étrangère pour pouvoir communiquer immédiatement avec n'importe quel être humain dans sa langue maternelle.

Nous étions tellement bouleversés par la portée de notre invention, promesse de fraternisation entre les hommes de tous les pays, que nous appelâmes à notre table la serveuse brune et, avions-nous remarqué, espagnole du café du parc.

« Solucion el mas facil ser solucion el mas bueno » lui dis-je dans un drôle de sabir qui grammaticalement était du parfait RD-*spañol*. J'avais pris soin de prononcer cette phrase-clé de notre manifeste de la façon la plus neutre possible. Il se peut qu'à ces mots j'aie regardé la serveuse avec les yeux mi-clos. Sa réponse, en tout cas, fut claire et nette. Sans un mot elle posa l'addition sur la table, me colla une gifle carabinée, puis s'en retourna en cuisine.

« Elle a compris ! » chuchota Ingo Niermann aux anges.

Impressionnés par le fonctionnement sans bavure de notre invention, nous réglâmes l'addition – cette fois-ci auprès d'une serveuse blonde avec laquelle, par mesure de sécurité, nous parlâmes haut allemand – puis sortîmes dans le parc du château, heureux de notre franc succès. Après quoi nous rentrâmes à Berlin.

De retour à la maison, je transcrivis en une nuit seulement le premier monologue de *Faust* en RD-deutsch, pour faire comprendre au monde entier le fonctionnement de cette nouvelle grammaire :

je maintenant avoir etudier, elas,
philosophie, droit et medecine,
et malheureusement aussi theologie
a fond et avec grand ardeur
voici je, je pauvre fou
etre aussi sage comme avant
[...]

Ce vieux texte, trouvai-je, sonnait maintenant très frais et très moderne ! L'histoire de Faust qui voulait tout savoir, tout comprendre, et pour cela vendit son âme au diable, m'émut terriblement. « Le plus beau dans cette histoire » me dis-je à voix haute « c'est que grâce à la Troisième Voie, je peux prendre le même chemin que Faust, mais sans avoir à en payer le prix ! Je peux tout savoir, tout comprendre, tout avoir, sans devoir me vendre à qui que ce soit ! »

Je m'esclaffai comme un écolier.

Nous intitulâmes la traduction de *Faust* en RD-deutsch le RD-*faust*. Plus tard nous fîmes même une adaptation cinématographique de ce premier monologue, avec Friedrich Killinger, qui, vêtu d'une veste de marin et la raie impeccable, regardait impassible le spectateur droit dans les yeux à travers ses lunettes sans monture, en monologuant comme en transe.

J'avais fait la connaissance de Friedrich au 103 peu après la rédaction du RD-*faust*. Ce fameux soir où plusieurs centaines de policiers avaient pris le club d'assaut soi-disant parce que, dans l'un de ses salons, on jouait à la roulette depuis des semaines. Mon ami Till, le gérant du club, devait plus tard comparaître pour exploitation illégale d'un casino. Ses avocats purent heureusement prouver l'inanité de telles accusations.

Bref, ce soir-là, tandis que les policiers en tenue de combat passaient en trombe devant lui, Friedrich Killinger était resté assis sans bouger, peu concerné par les événements, et avait continué à siroter son thé, les jambes croisées. Si je m'en souviens si bien, c'est parce que je l'observais depuis un bon bout de temps. Outre son costume à petits carreaux, il portait des chaussures curieusement informes dans un caoutchouc noir si souple qu'on l'aurait dit liquide. À force de fixer si longtemps ces chaussures, je n'y tins plus et l'abordai :

« Excusez-moi, qu'est-ce donc que ces chaussures que vous portez ? »

Friedrich Killinger éclaira ma lanterne en termes très précis : « Ce sont des couvre-chaussures en caoutchouc que je porte à cause du temps froid et humide. Pour protéger mes précieuses chaussures. »

Pour preuve, il ôta le caoutchouc souple et dévoila un mocassin en cuir artistement élimé.

Je lui demandai si cela l'intéressait de rejoindre notre affaire.

Il accepta sur-le-champ.

Ainsi qu'il s'avéra plus tard, il était architecte et construisait essentiellement des villas et des manoirs. Bien qu'extrêmement conservateur dans son apparence extérieure, il avait l'esprit ouvert à toute idée moderne, fût-elle la plus excentrique. Il la saisissait et l'analysait dans l'instant – quelque confuse qu'elle fût – et savait la reformuler sobrement, comme un manuel. Il avait par ailleurs ce don rare de pouvoir se passer de sommeil plusieurs jours d'affilée.

Plus tard j'allais concevoir et construire avec lui le RDD-spiritual-center, l'un des produits RDD les plus spectaculaires.

Le même soir au 103 nous fîmes la connaissance de Michel Obladen, architecte de son état lui aussi, et également ouvert à toute idée nouvelle, avec un goût particulier pour l'excentricité. Mais il savait aussi faire preuve de concentration et d'application dans le travail. Un jour, il entra dans les bureaux de RDD dans tous ses états. Il venait de se faire bousculer dans la rue. Il nous tint un discours d'environ trois heures sur le fait qu'à Londres ou Tokyo, où les gens vivaient bien plus serrés qu'à Berlin, il n'avait encore jamais été bousculé. Sur ce, il conçut un catalogue RDD du savoir-vivre en dix règles que nous imprimâmes sur des cartes postales et distribuâmes dans toute la ville. Le catalogue portait le sous-titre : *regles simples pour humains heureus vivre ensemble.* La regle 3 lui tenait spécialement à cœur : « *respecter espace autre humain. non toucher autre humain. non bousculer. non donner coups* ».

Avec Michel Obladen j'allais plus tard concevoir et réaliser la maison préfabriquée RDD-HAUSBAU, autre produit phare de REDESIGNDEUTSCHLAND.

Encore un produit phare : le *portrai standar* RDD. Le jeune photographe Sebastian Mayer, dont j'avais fait la connaissance quelques années plus tôt à la galerie Berlintokyo, construisit à cet effet un dispositif élaboré. Chaque personne portraiturée était hissée à la même hauteur sur un tabouret d'architecte et devait fixer son reflet dans un miroir en étant le plus inexpressif possible. Ainsi était-on assuré que tous les *portrais standars* étaient réalisés sous le même angle et que tous les visages avaient la même expression. Car le point 2 de notre manifeste stipulait :

REDESIGNDEUTSCHLAND
developer strategies & produis
pour grande comunaute de humains heureus & egals.

Chaque être humain avait droit au même degré de beauté. Et chaque portrait était soumis au même traitement éliminant la moindre aspérité.

Je fus immédiatement conquis par l'immense potentiel, notamment commercial, de ces photos. Il était évident que toute personne sensée accourrait se faire tirer le *portrai standar*, sans regarder au prix.

Nous eûmes tôt fait de trouver les locaux adéquats à notre nouvelle entreprise : un ancien supermarché situé au 94 de la Torstrasse à deux pas de mon magasin de meubles, que nous fîmes remettre à neuf avec soin par deux ouvriers barbus. Les plus grands journaux allemands furent conviés à l'inauguration. Nous installâmes les chaises de l'Académie des sciences dans la grande pièce de devant, dotée d'une immense vitrine sur rue.

À ceci près que les bureaux RDD, pour leur inauguration, n'accueillaient pas un cours magistral, mais une conférence de presse.

Une fois la quarantaine de journalistes triés sur le volet arrivés et confortablement installés sur les chaises, nous allumâmes le moniteur encastré dans le mur, et notre nouveau calendrier apparut. Nous l'avions fait partir de la fondation de notre entreprise, à la date 000000.000000. Nous avions vite relégué l'ancienne division, parfaitement illogique, de l'année en 12 mois, 28, 29, 30 ou 31 jours, 24 heures, 60 minutes, 60 secondes, au cimetière des inepties. Le point 6 de notre manifeste stipulait :

REDESIGNDEUTSCHLAND
introduir system decimal dans tous secteurs.
1 jour avoir 100 heurs. 1 heur avoir 100 minuts.
1 an avoir 1000 jours.

Les journalistes ayant été confondus quelques instants par la logique imparable de ce calendrier nouveau, nous envoyâmes au pupitre un comédien engagé pour l'événement. Revêtu d'un frac, il attendit que le silence se fît, lut de sa voix exercée les dix points de notre manifeste en RD-deutsch, puis disparut par un étroit couloir vers les salles du fond de notre agence, où nous nous tenions cachés.

Craignant en effet que notre bureau de la Torstrasse fût pris pour une nouvelle entreprise Horzon, nous étions convenus que tous les membres de RDD garderaient l'anonymat. C'est pourquoi la fameuse photo de notre maison préfabriquée nous montre, Michel Obladen et moi, coiffés de casques carrés. Cette photo fut reproduite dans tous les grands journaux, principalement sans doute à cause de ces casques. Mais notre anonymat ne put se maintenir plus de quelques années, et vint un jour où nous l'abandonnâmes.

Une fois l'acteur disparu après sa prestation éclair, les journalistes attendirent encore un peu, se demandant si c'était tout, puis remplirent leurs poches de cartes postales sur lesquelles nous avions imprimé notre manifeste, rentrèrent dans leurs rédactions et déclenchèrent une avalanche d'articles.

Les plus grands journaux firent paraître des articles en pleine page sur notre entreprise, semblables au mot près. Car aux questions, presque toujours identiques, qui devaient nous parvenir uniquement par écrit, nous avions d'emblée adopté le principe de ne répondre que par des préceptes de notre manifeste.

Tous les matins, vêtus de blanc, nous nous réunissions dans notre bureau blanc pour concevoir de nouveaux produits RDD et étudier les derniers articles parus au sujet de notre entreprise. Au-dessus de nos têtes, sur l'écran lumineux encastré dans le mur, défilait à toute vitesse le temps nouveau.

Notre célébrité grandissait de seconde en seconde.

Et lorsque, au bout de quelque temps, notre identité fut enfin révélée, je devins aux yeux de tous un créateur si talentueux que les plus hautes instances m'envoyèrent au Japon avec Konstantin Grcic, le plus grand designer du monde, pour une série de conférences sur les dernières tendances du design allemand.

CHAPITRE 14

Si dithyrambique que fût l'accueil de nos produits dans la presse, REDESIGNDEUTSCHLAND s'avéra un fiasco commercial dès le premier jour.

Personne ne voulait acheter nos meubles et nos maisons préfabriquées. Et quel profit espérer d'une grammaire nouvelle ou d'un calendrier nouveau ? Même les *portrais standars*, dont nous nous étions promis une pluie d'or, n'engendraient aucun bénéfice.

J'en avais après la terre entière.

« Pourquoi nous non recevoir commands autres homms ? » demandai-je à Friedrich Killinger après une nouvelle journée entière passée au bureau RDD sans que le téléphone n'eût sonné une seule fois.

« Je non savoir, peut etre nous entreprise trop modern » répondit Killinger en ôtant d'une pichenette et d'un air rêveur une poussière de son costume à petits carreaux.

Une des raisons de notre échec tenait sans doute au fait que nous avions ouvert notre agence précisément le jour où Ben Laden avait réduit Manhattan en cendres. Il était évident qu'après le 11 Septembre, une agence s'étant fixé pour objectif de refaçonner radicalement le monde ne pouvait être accueillie qu'avec une bonne dose de méfiance.

Il faut dire aussi que notre entreprise souffrait de son hermétisme intrinsèque. La langue dans laquelle nous communiquions, et que nous avions forgée pour faciliter la communication au niveau planétaire, se révéla, ironie du sort, une barrière quasi infranchissable. Nos idées étaient beaucoup trop en avance sur le monde !

Le seul qui se fût jamais risqué à nous passer commande fut Dimitri Hegemann, le patron du *Tresor*. J'avais fait sa connaissance un soir par l'intermédiaire de Moritz von Oswald. C'était un homme d'affaires aguerri qui débordait d'idées passionnantes. Un jour, au *Tresor*, il me fit part de son projet de traîner un gigantesque cheval de bois haut d'une centaine de mètres depuis Berlin jusqu'en Calabre en passant par les Alpes, dans le but de provoquer une hystérie collective paneuropéenne.

Trois semaines après notre première rencontre, il m'appela en plein milieu de la nuit : il avait reçu un tuyau à propos d'un trésor nazi immergé quelque part dans un lac des Alpes bavaroises et s'était mis en tête d'aller le lever. Dès le lendemain – le plus tôt serait le mieux. Il me priait instamment d'assurer la coordination de ce projet, mais étant pris ailleurs, je dus me résigner à décliner son offre.

Or voilà que quelques mois plus tard le bureau RDD de la Torstrasse avait attiré l'attention de Hegemann. Sans savoir que j'étais impliqué dans cette entreprise, il écrivit une lettre pour nous confier la conception visuelle de sa nouvelle affaire dans la Münzstrasse.

Enthousiaste, je lui adressai cette réponse, comme toujours anonyme, et comme toujours en RD-deutsch :

« cher sieur hegemann, merci pour toi demande. nous etre tres interesse par development de concepsion pour toi neufs locals… » et cætera. Nous ne reçûmes jamais de réponse.

Au moins disposais-je avec l'immense espace qu'occupait notre bureau d'une nouvelle salle de séminaires, plus grande et plus belle que jamais.

Je lançai immédiatement de nouveaux cycles de conférences. Semaine après semaine, des étudiants venus de toute l'Allemagne affluaient à l'Académie des sciences de Berlin pour obtenir dare-dare un diplôme.

« Quelles compétences particulières un diplômé de l'Académie des sciences possède-t-il, que les autres n'auraient pas ? » me fut-il demandé plus tard dans une interview pour la *Süddeutsche Zeitung*.

Je toisai la jolie journaliste à travers les lunettes à monture argentée que je mettais toujours pour les interviews, tirai pensivement sur ma pipe et dis en pesant chacun de mes mots :

« Je souhaite que nos étudiants acquièrent la capacité de remettre par principe *toute chose* en question, et qu'ils en tirent des conséquences qui puissent être bénéfiques à eux-mêmes ainsi qu'à tous les autres. Pour cela, il n'est d'ailleurs pas nécessaire de suivre des études à l'Académie des sciences. Il suffit de comprendre le principe qui est au fondement de l'Académie et de l'appliquer comme il se doit à tous les domaines de sa vie. »

Aujourd'hui, j'ajouterais que ce principe est le principe même de la Nouvelle Réalité.

Et bien entendu, l'entreprise REDESIGNDEUTSCHLAND était l'incarnation quasi parfaite de la Nouvelle Réalité. Mais comme elle était d'environ neuf ou dix pour cent plus radicale et plus moderne que toute autre entreprise ayant jamais existé, elle ne rencontra jamais le succès commercial escompté.

Ainsi, quand le matin, gazouillant et roucoulant gaiement, je passais devant les bureaux de REDESIGNDEUTSCHLAND pour faire avec ma pipe un petit coucou à Friedrich Killinger, je le voyais de plus en plus souvent assis devant le téléphone RDD muet, penché à nouveau sur ses projets de villa dans le sud-ouest de Berlin. Après quoi, je me rendais sans m'attarder dans mon magasin de meubles afin d'y gagner l'argent pour payer le loyer exorbitant de REDESIGNDEUTSCHLAND.

Une fois dans la boutique, je contrôlais les dernières bibliothèques montées qui partaient heure après heure en livraison.

Les perceuses, scies et fraises arrivaient au bout de leur capacités. Les monteurs de bibliothèques trimaient vingt-quatre heures sur vingt-quatre, presque nus dans la chaleur étouffante de l'atelier. J'avais pu empêcher avec succès la formation d'un conseil syndical et déchiré sans autre forme de procès la convention collective que m'avait présentée un délégué d'IG Metall. Le climat au sein de l'entreprise était délétère.

Un jour que je sortais de chez le glacier et m'en allais faire mon petit tour d'inspection quotidienne dans l'atelier, j'aperçus Dirk Bell en nage qui rabotait du bois devant un établi.

Je lui proposai de partir dans le Sud. Sitôt dit sitôt fait : nous montâmes dans ma voiture et filâmes, destination Bâle. Après quelques centaines de kilomètres, je demandai à Dirk Bell de me relayer comme convenu au volant. Il s'avéra assez vite qu'il n'avait jamais appris à conduire. Nous dûmes donc nous arrêter à Munich. Dans le crépuscule, je conduisis notre voiture jusqu'au pied du Monoptéros et nous passâmes la nuit à l'abri du temple. Le lendemain matin nous prîmes un bain dans l'Eisbach, i.e. Ruisseau de Glace, mangeâmes quelques bretzels près de la Tour chinoise et reprîmes notre route.

À cette époque Dirk Bell avait les cheveux très longs et portait une barbe très fournie. Il avait un air sympathiquement barbare qui produisait sur les femmes un effet hypnotique. Une fois, comme il entrait dans une station-service pour acheter quelque chose à manger, je lui criai : « Attends, tu n'as pas d'argent ! » À travers la vitrine, je le vis remplir deux gros sacs plastique de sucreries puis passer à la caisse. Il regarda la caissière sans dire un mot. La caissière le regarda en retour. Puis, sans le quitter des yeux, elle ouvrit sa caisse, y plongea ses mains à l'aveugle et lui tendit une poignée de billets. Nous en profitâmes pour faire le plein et, nous voyant partir sur les chapeaux de roues en klaxonnant joyeusement, elle sortit de sa cahute, nous faisant des signes d'adieu, mécaniquement, tel un automate.

Et soudain le lac de Constance apparut devant nous. Euphoriques, nous quittâmes l'autoroute, conduisîmes la voiture jusqu'au rivage, criâmes comme des gosses, n'y tenant plus arrachâmes nos vêtements, les pliâmes méticuleusement et nous jetâmes à l'eau.

Au milieu du lac de Constance un îlot artificiel était à l'ancre, guère plus grand qu'un lopin de terre entouré de planches de bois. Nous l'escaladâmes et nous nous allongeâmes au soleil. C'était magnifique. Berlin était si loin. De petits nuages blancs filaient doucement en direction du sud, Ému, je me mis à fredonner les célèbres vers :

Le nuage s'efface,
Tu n'as souci de lui,
Mais il revient en rêve,
Te hanter chaque nuit.

Forme argentée il passe,
Et pourtant à jamais
L'amour du blanc nuage
Te tiendra désormais.

quand tout à coup, j'éprouvai le désir impérieux de revoir Madame Glowny. Tout heureux, un instant plus tôt, d'être si loin de Berlin, je ne songeais à présent qu'à rentrer au plus vite. Je m'allongeai au bord du ponton et regardai en contrebas. L'eau était claire, on en voyait le fond. Des poissons scintillaient. Soudain, venues de nulle part, des jeunes filles surgirent de l'eau tout près de nous. Elles rirent et nagèrent jusqu'au fond du lac pour nous apporter des coquillages. Nous voulûmes les attirer vers nous, mais elles ne se laissaient pas attraper. Quand nous sautâmes dans l'eau pour les tirer jusqu'à notre ponton, elles plongèrent et disparurent aussi vite qu'elles étaient apparues. Les beaux coquillages qu'elles avaient déposés pour nous avaient eux aussi disparu. Volatilisés.

Le cœur serré par cet étrange incident, nous reprîmes notre voyage. Quand nous arrivâmes à Bâle, la nuit tombait déjà. Roulant au pas – nous étions tout de même en Suisse – nous longeâmes le Rhin jusqu'au Schaffhauser Rheinweg et sonnâmes à un vénérable portail. C'est ici que vivait ma marraine. De son mari, Carlo, directeur de la Kunsthalle, j'avais hérité l'un de mes nombreux prénoms. Hélas, ma marraine, chez qui nous comptions passer la nuit, n'était pas chez elle.

Nous jetâmes un regard désemparé autour de nous. Le Rhin brillait, sombre et muet, dans le crépuscule. Dirk Bell finit par s'allonger dans la voiture et s'endormit aussitôt.

Quant à moi, je me rendis en ville à pied et demandai une chambre au Grand Hôtel Les Trois Rois. Mais il était complet, foire d'art contemporain oblige, ce que j'ignorais évidemment.

Au moment même où je quittais l'hôtel, deux galeristes élancés entrèrent dans le hall et m'accostèrent. C'étaient Thilo von Wermke et Alexander Schröder. J'avais fait leur connaissance peu avant à Berlin lors d'une partie de badminton.

« Tu peux loger dans notre suite au sixième, nous avons quatre ou cinq lits. »

« Sachez que je ronfle assez bruyamment. »

« De toute façon, cette nuit, nous rentrons à pas d'heure » coupa court Alexander Schröder.

« Merci infiniment, m'écriai-je, c'est drôlement sympa ! »

Le cœur joyeux, je montai dans la suite, choisis un lit et m'y couchai. Hélas, ma joie devait être de courte durée. Je n'avais pas dormi plus de deux heures que je fus soudain réveillé par des cris et un vacarme infernal provenant du couloir. J'eus à peine le temps de me cacher sous ma couette que déjà la porte de la chambre s'ouvrait à toute volée, laissant entrer en trombe une horde de touristes italiens essoufflés. Ni une ni deux, les Italiens firent ce qu'ils savent faire notoirement le mieux : renverser les tables et les chaises et se mettre tout nus. Risquant un œil par-dessus ma couette, je vis quatre hommes en plaquer un cinquième sur le lit et s'affairer avec une motte de beurre dans la raie de ses fesses.

« Holà, que faites-vous là ? » m'écriai-je en attrapant le téléphone pour prévenir la police.

« Calmati, calmati, calme-toi, ils rejouent un film, c'est tout ! *Caligula* de Tinto Bras, un chef-d'œuvre ! » cria un homme qui, venu en renfort, faisait gicler un extincteur dans toute la chambre en chantant à tue-tête : « Tinto Brass va passer tout à l'heure, il occupe la chambre voisine ! » C'est alors que j'aperçus l'énorme nez crochu. Et la grande boucle en or qui pendait au lobe de son oreille gauche !

C'était Signora Sarasate !

Horrifié j'attrapai mon sac de voyage et m'en fus en courant.

Dévalant à toutes jambes l'escalier de l'hôtel, j'entendis derrière moi les pas de la voyante qui courait en criaillant : « Ma dove vai ? Où vas-tu ? Reviens, mon petit ! »

Mais je m'étais déjà sauvé de l'hôtel. Dehors il pleuvait des cordes. Hors d'haleine, fuyant toujours, je me retournai vers l'hôtel. Des éclairs fusaient d'une fenêtre ouverte au sixième étage, accompagnés d'un puissant jet de mousse blanche. Puis il y eut un terrible coup de tonnerre.

Pendant des heures j'errai dans les ruelles nocturnes de Bâle. Lorsque, à l'aube, je retrouvai enfin ma voiture, Dirk Bell était déjà assis sur le siège passager, la portière ouverte, mâchouillant à moitié endormi les sucreries qu'il avait prises à la station-service. Le soleil venait de se lever, un merle s'était posé sur le toit de la voiture, faisant entendre son piaillement joyeux.

« Mais d'où sors-tu ? » me demanda mon aimable compagnon.

« J'ai rencontré en ville quelques amis qui m'ont laissé leur chambre d'hôtel ! »

« Dis donc ! Petit veinard ! » s'écria Dirk Bell en secouant la tête.

« Eh oui, petit veinard ! » fis-je avec un rire joyeux.

Un peu plus tard, nous nous séparâmes. Dirk Bell voulait passer voir ses tableaux à la foire avant de repartir. Car, comme je venais à l'instant de l'apprendre, il était devenu un artiste célèbre, représenté à la foire non pas par une mais par deux galeries influentes. Quant à moi, quitte à descendre si loin dans le Sud, je voulais faire un petit crochet par Nice.

Je roulais sur l'autoroute, tirant sur ma pipe avec un plaisir enfantin, quand je reçus un appel. C'était le Grand Hôtel Les Trois Rois : la nuit précédente, des touristes italiens s'étaient trompés de chambre et avaient forcé par mégarde la porte de la suite de mon ami. Ce n'était pas du tout le genre de la maison, m'assurait-on, et les vandales étaient déjà sous les verrous. Et surtout, scandalisés par l'incident, les galeristes Schröder et Wermke avaient prié mon interlocutrice, la directrice de l'hôtel, de clarifier les choses. Rassuré, je raccrochai et continuai ma route en fredonnant un petit air.

Arrivé à Nice, je décidai, une fois n'est pas coutume, de descendre au Negresco pour ne pas être à la charge de ma tante. L'histoire personnelle de ce maître d'hôtel roumain devenu à force de travail l'hôtelier le plus fortuné de la Côte d'Azur me fascinait prodigieusement !

Je passai, enduit de la tête au pied du shampooing Alziari à l'huile d'olive, l'essentiel des jours suivants à étudier la nature, et plus précisément le mouvement des galets dans le ressac. De temps en temps je me risquais à une baignade en compagnie du maître nageur de l'hôtel. Je prenais mes repas sur mon balcon.

Au bout de deux semaines, je fis monter la note dans ma chambre. J'essayai d'abord de faire sur la facture un croquis que je comptais vendre à l'un de mes amis galeristes en le faisant passer pour un authentique Kippenberger.

Las, le résultat ressemblait davantage à une esquisse ratée de ma bibliothèque. Dépité, je déchirai la facture en cinq cent quatre-vingt minuscules carrés, ouvris la fenêtre du balcon et, dans un geste théâtral, jetai au vent les petits bouts qui s'envolèrent au-dessus de la promenade.

Puis je quittai l'hôtel par la porte de service.

CHAPITRE 15

Depuis toutes ces années que je vivais à Berlin, la laideur de cette ville ne m'avait pas échappé. Mais à présent que j'étais de retour sous la bruine, encore tout ébloui par la beauté de la Riviera, cette laideur me frappa de plein fouet avec une violence insupportable. Des immeubles anciens au crépi grisâtre, des immeubles modernes informes, et au milieu, des cratères de bombes datant de la dernière guerre. J'étais effaré. Sortant de ma voiture devant mon immeuble de la Brunnenstrasse, je levai les yeux vers le ciel gris, dressai un poing rageur, fis une grimace et vociférai quelques mots furieux dans un langage qui m'était peu habituel.

Puis je montai dans mon cabinet d'études, pris une règle et un bloc de papier millimétré et commençai à dessiner. Au-dessus du croquis, composé essentiellement de carrés blancs, j'écrivis : BELFAS VILLIDEAL BERLIN. Il n'y avait plus de temps à perdre. Depuis trop longtemps cette idée d'affaire me trottait dans la tête. L'entreprise de coffrage de façades BELFAS, du français « belle façade », devait être fondée sans tarder. Il fallait recouvrir toutes les façades de Berlin de panneaux blancs BELFAS et boucher tous les terrains vagues par des façades en trompe-l'œil BELFAS. En un rien de temps la physionomie de Berlin resplendirait d'une clarté uniforme comme nulle part ailleurs au monde.

« Regarde, expliquai-je à Heinrich qui entrait à cet instant dans ma chambre vêtu d'une combinaison d'apiculteur. Le coffrage de la totalité de Berlin avec des panneaux BELFAS reviendrait infiniment moins cher que la démolition et la reconstruction de la ville tout entière ! »

Je pianotai un peu sur ma calculette, remontai mes lunettes sur le front, regardai Heinrich, plissai les yeux et dis : « En se basant sur un coût de construction estimatif de cinq millions d'euros par immeuble pour un nombre d'immeubles estimé à cinq cent mille, la reconstruction de Berlin *engloutirait* environ 2500 milliards d'euros ! »

Heinrich, derrière le filet de son casque d'apiculteur, ne dit mot.

Je me remis à pianoter et poursuivis : « En revanche, si l'on part d'une estimation de 40 000 euro par façade, le coffrage de tout Berlin au moyen d'éléments BELFAS reviendrait à un coût total de seulement vingt milliards ! Ce qui signifie pour moi, qui détiens le monopole des éléments de façade, un bénéfice net d'environ 10 milliards ! »

Heinrich ne dit mot.

« Toi aussi, continuai-je, finaud, tu pourrais te faire un joli pactole. Il te suffit dans les jours qui viennent de prendre une part de quelques milliers d'euros dans l'entreprise. » Le hasard avait voulu en effet que j'eusse surpris Heinrich en train de recevoir une enveloppe pleine d'argent de la part de sa grand-mère.

Il regarda par la fenêtre sans dire un mot. Quant à moi, j'étais pris d'une véritable extase à l'idée de devenir enfin, en moins de temps qu'il n'en fallait pour le dire, infiniment riche.

« Le sens des affaires est le carburant qui fait tourner le monde, murmurai-je dans ma barbe tout en cherchant dans l'annuaire le numéro du conseiller en charge de l'urbanisme auprès du Sénat de Berlin. Les rêveurs n'ont jamais transformé le monde, ce sont toujours les hommes d'affaires...

J'y suis : bureau sénatorial de l'urbanisme ! Behrensstrasse ! »

Je me jetai sur le téléphone, composai le numéro et, surexcité, demandai M. Stimmann, conseiller du Sénat en charge de l'urbanisme. Son adjoint, un ingénieur fort aimable, eut beau comprendre instantanément la force explosive de ma requête, il refusa néanmoins de passer mon appel. « Le directeur est en réunion » prétexta-t-il.

« Comment ? Quoi ? Réunion ? hurlai-je avec impatience dans le combiné. Sortez-le de cette réunion, bon sang ! Allô ?... Allô?... Raccroché... Le rustre ! »

Puisque il n'y avait visiblement rien à attendre de la politique, je décidai de me tourner vers la presse. Pour expliciter l'idée de mon entreprise, je fis réaliser des photographies d'une série de bâtiments et de rues de Berlin que je fis retoucher par ordinateur pour les équiper de façades BELFAS, y compris le château de Berlin, dont la reconstruction était à cette époque sujette à polémiques. Le projet visionnaire du coffrage de tout Berlin reçut aussitôt les éloges unanimes de la presse.

Les politiques restèrent les bras croisés.

Je compris qu'il me fallait marquer les esprits. *Verba docent, exempla trahunt* : les mot enseignent, les exemples entraînent. Si, à titre d'exemple, j'arrivais à doter d'un coffrage ne fût-ce qu'un seul immeuble de Berlin, le monde comprendrait l'universalité de mon projet et les foules battraient le pavé pour exiger sa réalisation immédiate ! En l'espace d'une nuit je conçus une structure en baguettes de bois que je fis fixer dès le lendemain matin sur la façade de ma boutique. Sur cette charpente je fis visser des éléments BELFAS – des prototypes en aggloméré premier prix. Après le fiasco de REDESIGNDEUTSCHLAND j'hésitais à prendre de trop grands risques financiers.

Le résultat était époustouflant: le magasin de meubles, dont les innombrables décorations fin de siècle avaient jusqu'alors détourné le client de l'essentiel, à savoir l'achat de bibliothèques, rayonnait à présent d'une clarté toute de dépouillement, et ce pile pour le troisième anniversaire de mon magasin de meubles.

Parallèlement, je m'étais inscrit à un prestigieux concours d'architecture, et le soir même j'avais organisé pour promouvoir mon projet un gigantesque gala au Cookies, entrée libre. Il s'agissait du concours pour la reconstruction de Ground Zero à New York. Mon projet consistait en trois gigantesques gratte-ciel en forme de bibliothèque MOEBEL HORZON.

Bon nombre de personnes présentes au gala trouvèrent cette idée grotesque, mais moi, j'avais un compte personnel à régler: Ben Laden nous avait gâché le lancement de REDESIGNDEUTSCHLAND. Je voulais donc sauter sur l'occasion pour attirer le regard du monde entier sur mon magasin de meubles en érigeant trois bibliothèques de 4000 mètres chacune dans Manhattan-Sud. Incompris, mon projet essuya un refus cuisant de la part du jury new-yorkais.

Le coffrage de mon magasin de meubles au moyen d'éléments BELFAS n'eut pas meilleur accueil. Trois jours après le gala, je reçus la lettre suivante de mon syndic[1]:

1. Le lecteur aura remarqué que j'ai décidé de donner à ces Mémoires la forme d'un ouvrage scientifique et de consigner fait après fait, moment après moment, avec une objectivité de comptable.
C'est la raison pour laquelle toutes les lettres ici reproduites sont citées mot pour mot, avec les noms et adresses réels. De là aussi la riche documentation photographique, pour qu'à aucun moment ne puisse naître le soupçon qu'il y aurait dans ces pages quoi que ce soit de fictif. Rien dans ce livre n'est inventé, tout est vérifiable, tout est vrai.

Berlin-Wilmersdorf, le 12 juillet 2002

Objet: bail du 68, Torstrasse, 10119 Berlin

Cher Monsieur Horzon,
De passage ce matin dans l'immeuble, j'ai constaté avec étonnement que vous aviez revêtu de plaques en bois la devanture de votre boutique. Je ne me souviens pas vous en avoir donné l'autorisation. L'aspect extérieur s'en trouve altéré de façon grandement préjudiciable. En conséquence, je vous enjoins de retirer cette construction et de réparer les dommages dus au montage tels que trous de chevilles, etc. Je vous donne jusqu'au 31 juillet 2002.
Cordialement,
R. Heyer

La force me manquait pour déchirer cette lettre. « L'aspect extérieur s'en trouve altéré de façon grandement préjudiciable » murmurai-je, sidéré, en posant l'enveloppe sur mon secrétaire en acajou.

Je n'avais d'autre choix que de démonter de mes propres mains les éléments de façade dans lesquels j'avais placé tant d'espoir, sous la bruine, ce qui eut au moins pour avantage que les larmes ruisselant sur mes joues passèrent pour des gouttes de pluie.

Mon livre *La Troisième Voie*, qui parut cinq jours seulement après mon gala de lancement, ne rencontra pas davantage le succès escompté. Il se vendit à dix exemplaires la première semaine, après quoi les ventes chutèrent dramatiquement.

En proie au désespoir, je me rendis Winsstrasse pour faire une petite visite à Madame Glawny. Arrivé au deuxième étage, au moment d'appuyer sur la sonnette, je n'en crus pas mes yeux. Sur la plaque était écrit : « Torfmann ». Je sonnai malgré tout. Un long moment passa, puis la porte s'ouvrit précautionneusement. Dans l'entrebâillement, une vieille femme me toisa avec méfiance.

« Bonjour, fis-je poliment. Je souhaiterais voir Madame Glowny, s'il vous plaît... »

« Et c'est censé être qui ? » croassa la vieille.

« Natascha Glawny, elle habite bien ici, non ?... »

« C'est une erreur, la seule qui habite ici, c'est moi, et pour tout dire depuis quatre-vingt-un ans. Jamais entendu parler d'une Natascha Glowny ! »

« Impossible ! m'écriai-je désespéré. Je lui ai rendu visite ici même il y a quelques semaines à peine ! »

« Fichez le camp ! hurla la vieille grincheuse en me claquant la porte au nez. Et ne revenez plus jamais ! Sinon j'appelle la Stasi ! »

Je vis trente-six chandelles.

Dr Glawny eût-il à cet instant surgi avec son fouet à la main, je lui aurais sauté au cou de joie.

Mais aucun Dr Glowny ne vint. Ni aucune Madame Glawny.

La phrase du *Docteur Faustus* de Thomas Mann me revint à l'esprit : « L'homme et l'entrepreneur ne faisaient plus qu'un, les deux venaient de toucher le fond. »

Pendant des semaines, à court d'argent, je me nourris exclusivement de poudre protéinée et de flocons d'avoine que je mélangeai à sec, pour économiser l'onéreuse eau du

DOCUMENTS – PARTIE 2

« Pourquoi nous non recevoir commands autres homms ? » demandai-je à Friedrich Killinger après une nouvelle journée entière passée au bureau RDD sans que le téléphone n'eût sonné une seule fois.
« Je non savoir, peut etre nous entreprise trop modern » répondit Killinger.

Exposition de *portrais standars* dans les bureaux de RDD

Et soudain le lac de Constance apparut devant nous. Euphoriques, nous quittâmes l'autoroute, conduisîmes la voiture jusqu'au rivage, criâmes comme des gosses, n'y tenant plus arrachâmes nos vêtements, les pliâmes méticuleusement et nous jetâmes à l'eau.

Sur la route de Bâle

Dépité, je déchirai la facture en cinq cent quatre-vingt minuscules carrés, ouvris la fenêtre du balcon et, dans un geste théâtral, jetai au vent les petits bouts qui s'envolèrent au-dessus de la promenade. Puis je quittai l'hôtel par la porte de service.

Sur le balcon de l'hôtel Negresco, Nice

Les résultat était époustouflant : le magasin de meubles, dont les innombrables décorations fin de siècle avaient jusqu'alors détourné le client de l'essentiel, à savoir l'achat de bibliothèques, rayonnait à présent d'une clarté toute de dépouillement.

Coffrage de la façade MOEBEL HORZON avec des éléments BELFAS

« Cher Monsieur Horzon, de passage ce matin dans l'immeuble, j'ai constaté avec étonnement que vous avez revêtu de plaques en bois la devanture de votre boutique. Je ne me souviens pas vous en avoir donné l'autorisation... »

Façade de MOEBEL HORZON, coffrée

Ils avaient évidemment raison. Les murs nus doivent être égayés, structurés, rythmés. Mais pas par des tableaux ou des photographies ! Non, par des éléments de décoration murale !

Campagne publicitaire pour WANDEKOR

Voilà donc ce que la vie à Berlin-Mitte avait fait de moi : un gigolo dépravé, menteur, arrogant, cupide, incapable de distinguer entre l'amour et les instincts les plus vils.

Campagne publicitaire pour le club PELHAM

« Mais enfin, et toutes ces femmes qui viennent au Pelham rien que pour admirer ma danse toupie » m'exclamai-je avec un filet de voix très haut perché.

Au bar du PELHAM

Le printemps arriva en douceur. Déchaînés, nous sillonnions Berlin-Mitte dans notre fourgonnette en chantant des chansons de marins.

Livraison de bibliothèques, avec Christian Kracht

« Nous voulons passer la frontière... nous allons à Berlin » expliquâmes-nous, couverts de sueur et le souffle court.
« Non » dit le soldat.

Sur la place de Swinoujscie, Pologne

« Ce que tu vois là, fit Anselm Reyle tout sourire, je ne l'ai encore jamais montré à personne : les deux premiers tableaux que j'aie jamais réalisés, selon la technique Bob Ross. »
« La clé de toute ton œuvre ! » chuchotai-je, bouleversé.

Dans l'usine d'Anselm Reyle, à la pause de midi

Nous mîmes deux mois pour réaliser le prototype. Une nuit, enfin, l'immense paroi lumineuse se dressa devant nous, plongeant notre bureau dans une lumière éblouissante.

Avec Friedrich Killinger au RDD-spiritual-center

« Pour creation de le equilibre entre tous homms RDD aspirer abolition de tous religions et remplacement de tous lieus de culte a echel mondial par Spiritual Centers. »

RDD-spiritual-center

Un soir que j'étais assis seul devant la paroi lumineuse, contemplant la lumière des Lumières, j'inventai en une seconde à peine le principe de la musique unitonique, sur la base duquel je composai cette nuit même la RDD-sinfoni 01, une note de cent hertz qui durait cent heures.

Création mondiale de la RDD-sinfoni 01

« Mais alors, où est votre valise ? » demandai-je à Woodard tandis que nous nous dirigions vers ma voiture. Ce faisant je remarquai que Woodard ne bougeait pas ses jambes, mais semblait glisser à mes côtés sur l'asphalte du parking comme sur un tapis roulant.

Construction d'une Wishing Machine avec David Woodard

Je me sentais comme sur un récif escarpé, la nuit tout autour de moi. Tout tremblant, je me tournai vers Woodard pour lui montrer la valise et exiger une explication. Mais Woodard avait disparu.

Patricia Woerler-Horzon, Friedrich Killinger, David Woodard

Un peu plus haut, en amont de la plage, il vit sous les feuilles en forme d'éventail une drôle de chaise posée dans le sable, que les indigènes avaient fabriquée en clouant des lattes de bois.

À peine étions-nous revenus des îles du Pacifique que je m'étais déjà attelé à la fabrication d'une chaise dotée de trente et une baguettes exactement, toutes de la même longueur. Résultat renversant. Je conçus aussitôt une chaise plus belle encore, dotée de quarante et une baguettes exactement, toutes de la même longueur.

Mobilier pour la MAISON DE LA TARTE AUX POMMES

Dans l'exacte proportion où je cessai de m'intéresser à l'argent, celui-ci jaillissait telle une source intarissable. Terrifié, je fermai le magasin de ventilation et ouvris un commerce de nouilles en gros baptisé NOODLE HORZON.

Dans l'atelier de SYSTÈME VENTILÉ

Il était tard dans la nuit quand le groupe se dispersa. Je me souvins d'une forêt aux couleurs fin d'automne.

Gala anniversaire de MOEBEL HORZON au palais du Kronprinz

Au beau milieu de la nuit je me réveille.

Autour tout est blanc.

Crédits photographiques :
Rafael Horzon, sauf
Horzon devant la façade BELFAS : Sebastian Mayer
Horzon pour la publicité WANDEKOR : Sebastian Mayer
Spiritual Center, vide : Stefan Korte
Horzon et Kracht: Frauke Finsterwalder

robinet, avant de les sniffer. Au moins ce régime me permit-il de développer une telle masse musculaire que j'envisageai sérieusement de louer mon corps sculptural à quelque dame de la noblesse. Le temps des scrupules était révolu. Le mot amour ne faisait désormais plus partie de mon vocabulaire.

Puis, par un bel après-midi, je rencontrai Boris Radczun au Café 103. L'année précédente il avait ouvert un restaurant au Cookies, mais il s'était retiré de l'affaire au faîte du succès et passait désormais tout son temps en promenades. Je me rappelai soudain que je lui devais encore un peu d'argent, car il avait fait le disc-jockey lors du dernier gala MOEBEL HORZON. Étant sans le sou, je préférai lui soumettre une idée d'affaire. Or, Boris lui-même en avait déjà une : « Ouvrons une chaîne de restauration qui servira des poulets extras ! »

« Poulets extras ? »

« Des poulets extras, frits dans une panure extra dont la composition sera tenue secrète ! »

J'étais conquis. Tout le monde, c'est notoire, aime le poulet frit, il était évident que cette idée allait très vite nous rendre très riches. Le nom de la chaîne s'imposa à moi instantanément : *Pays Poulet*. Sur une serviette j'esquissai un logo : un poulet en plein vol, fier tel un aigle, tenant dans ses griffes un globe terrestre. Une banderole flottait autour du globe, portant une inscription en latin : *Terra Galli Mundus* – le monde est poulet.

« L'ambition planétaire de cette chaîne de restauration se trouve ainsi cimentée dans la devise de l'entreprise » expliquai-je à Boris. Reste que j'avais trouvé en Boris mon maître, car le slogan publicitaire qui lui vint à cet instant était tout simplement insurpassable : « Pays Poulet – ça roule ma poule. »

Grisé par l'évidence de notre coup de génie, nous définîmes la décoration intérieure de nos filiales ainsi que les uniformes des vendeuses, et décidâmes de l'unique chanson qui serait diffusée dans nos établissements : *Poule River*, librement inspirée de la mélancolique chanson d'amour de *Breakfast at Tiffany's*.

Deux jours plus tard cette idée nous était déjà sortie de l'esprit. Boris avait commencé à concevoir des restaurants de luxe pour un magnat de l'immobilier, avant d'ouvrir lui-même le Grill Royal quelques années plus tard. Quant à moi, j'avais déjà développé une idée d'affaire plus prometteuse encore.

Quand je regarde en arrière après toutes ces années, il me semble inconcevable d'avoir pu lancer autant d'idées d'affaire en une seule petite année ! Picasso dut être pareillement surpris le jour où il feuilleta en compagnie de Braque un catalogue sur l'évolution du cubisme analytique vers le cubisme synthétique : « Georges, avons-nous vraiment accompli tout cela en si peu de temps ? » Et Braque de répondre : « Oui, Pablo, nous étions jeunes alors. »

Certes, mais l'inventivité de la jeunesse ne fait pas tout. Car si beaucoup de jeunes gens débordent d'idées, il leur faut aussi la capacité de faire le tri entre les bonnes et les mauvaises. Comme écrit Nietzsche : « Tous les grands hommes sont de grands travailleurs, infatigables non seulement à inventer, mais encore à rejeter, passer au crible, modifier, arranger. » Et puis, le plus important, me semble-t-il, n'est pas de reconnaître qu'une idée est bonne : encore faut-il savoir la réaliser.

Mais qu'une bonne idée d'affaire, une fois réalisée, ne soit pas systématiquement couronnée de succès économique, c'est ce dont je fis la cruelle expérience quatre fois coup sur coup. Après l'échec cuisant de ma maison de couture GELEE ROYALE, suivi du naufrage de mon entreprise de bâtiment BELFAS, le troisième fiasco ne se fit pas attendre.

Un soir je reçus un coup de téléphone du producteur de disques Daniel Lieberberg. Comme à son habitude, il avait envie de faire un brin de causette sur la musique classique et l'actualité théâtrale, puis sur le théâtre classique et l'actualité musicale, mais je fis très rapidement et très habilement dévier la conversation sur la recherche de nouvelles idées d'affaire. Nous évoquâmes un moment les agences de rencontres, qui promettaient de rapporter beaucoup. Ou pas, vu qu'il y en avait déjà tant sur le marché ! Et puis, brusquement, j'eus un éclair :

« Nous n'allons pas fonder une agence de *rencontre*, tout le monde le fait. Nous allons fonder une agence de *rupture* ! »

« Mais encore... ? »

« Tout le monde veut unir des couples, nous, nous voulons les *séparer* ! Et notre agence s'appellera... SEPARITAS ! »

Exalté, je tâchai de convaincre Daniel du potentiel colossal d'une telle idée : « Supposons qu'une femme tombe amoureuse d'un homme. Et voilà qu'elle constate que cet homme est en couple avec une autre femme : c'est alors qu'elle fait appel à SEPARITAS. SEPARITAS sépare le couple ! »

« Et comment, d'après toi ? »

« Peu importe ! Tous les moyens sont bons dès lors qu'il s'agit de donner sa chance à un nouvel amour ! »

Le texte publicitaire que je rédigeai le lendemain compte à mon humble avis parmi les choses les plus géniales que l'industrie publicitaire ait jamais produites :

SEPARITAS — *La voie est libre*

Quelle sensation merveilleuse que de tomber amoureux !
Mais parfois l'amour et la souffrance sont si proches :
— quand l'objet de votre désir ne vous prête guère attention
— quand l'objet de votre désir ne vous remarque guère
— parce qu'il est déjà engagé ailleurs !

Nous, la SEPARITAS, *sommes là pour vous aider. Nous séparons pour unir. Nous rendons possibles de nouvelles sensations merveilleuses. Nous ouvrons la voie à une nouvelle relation merveilleuse.*

SEPARITAS — *Donnons un avenir à votre avenir.*

Nous vous garantissons anonymat et discrétion. Notre discrétion est la marque de notre engagement. Et le socle inébranlable de votre union future.
Exposez-nous votre cas, et nous élaborerons par écrit une stratégie qui sera mise en œuvre point par point par un(e) de nos collaborateurs/trices issu(e)s du secteur mannequinat-visagisme-théâtre. Résultat garanti en deux semaines : le couple-cible sera séparé.

N.B. : Les honoraires sont fonction de la géographie, du volume horaire et du milieu social.

Je transmis ce texte sur-le-champ à notre graphiste maison, Hans Löffler, pour qu'il le transforme en une sublime carte postale publicitaire. Löffler, pour des raisons qui m'échappaient, logeait alors dans mon magasin.

« Pourquoi tu écris : " Nous, la Separitas " et non pas " Nous, l'agence Separitas " ? » me demanda-t-il en me montrant sa première maquette.

« Parce que ça évoque "Nous, la Hamburg-Mannheimer [1]", une grande compagnie connue pour son sérieux et qui a depuis longtemps pignon sur rue » répondis-je.

« Et "visagisme", ça signifie quoi ? » demanda-t-il encore.

Je m'empressai de dévier la conversation. « Tu as envoyé à la sérigraphie les motifs d'impression pour les t-shirts SEPARITAS ? »

Sur quoi je rédigeai le texte d'invitation au gala SEPARITAS, qui devait avoir lieu au Café Moskau, sur la Karl-Marx-Allee, et éclipser tous les galas précédents. La Jeans Team s'y produisit, Peaches s'y produisit, les disc-jockeys les plus talentueux passèrent des disques, entrée libre. À minuit, la sécurité civile dut intervenir et ériger des barricades. Une meute enragée, refoulée à l'entrée parce qu'il y avait trop de monde, avait tenté de mettre le bâtiment à feu et à sac. Quand je sortis sur le pas de la porte pour apaiser la foule, je reçus des chaussures en pleine figure.

Le seul à ne pas apparaître au gala fut Daniel Lieberberg, qui avait rencontré deux jours plus tôt sa future épouse et préférait s'épargner des discussions compliquées sur le bien-fondé d'une agence de rupture.

1. Une compagnie d'assurance (Ndt).

De fait, il paraissait bien difficile de convaincre quiconque du bien-fondé d'une telle entreprise : hormis quelques magazines féminins désireux d'enquêter sur cette agence d'un genre nouveau, personne ne fit appel à nos services.

Quatre semaines plus tard, j'avais déjà fondé une nouvelle entreprise.

CHAPITRE 16

Faut-il vraiment que je rapporte ici combien le gala de présentation de cette nouvelle entreprise fut un succès retentissant, et combien l'entreprise elle-même un échec épouvantable ? Qu'il me soit seulement permis d'expliciter cette idée d'affaire, qui aujourd'hui encore me semble tout à fait remarquable.

À l'époque où je forgeai cette idée, il était devenu de bon ton à Berlin de tapisser les murs d'art contemporain. Une tendance que naturellement je réprouvais. « Que veux-tu qu'on fasse ? s'exclamaient mes amis. Il faut bien mettre quelque chose aux murs, les murs nus sont si… si… nus… et comme tous nos amis sont des artistes… »

Ils avaient évidemment raison. Les murs nus doivent être égayés, structurés, rythmés. Mais pas par des tableaux ou des photographies ! Non, par des éléments de décoration murale !

En une nuit seulement je conçus un carré blanc et un carré noir de 50x50 cm chacun. Puis je dessinai les soixante-quatre combinaisons permises par seulement quatre éléments WANDEKOR posés côte à côte sur le mur.

Noir Blanc Noir Blanc

Noir Blanc Noir Noir

Noir Blanc Blanc Noir

Noir Blanc Blanc Blanc

Et cætera. La profusion de combinaisons et de décorations possibles me plongea dans une ivresse extrême. Je fis réaliser deux photos publicitaires : la première montrait deux chaises et une table devant un mur nu. Sur la table, un vase. Dans le vase, des tulipes rouges dont les têtes pendaient jusque sur le plateau de la table.

Sur la seconde photo, le mur au-dessus de la table était décoré de quatre éléments WANDEKOR noirs. Et comme par enchantement, les tulipes sur cette photo se dressaient vigoureuses, droites comme des i, radieuses, gorgées de vitalité.

Je fis légender l'image par une phrase que j'avais pêchée dans une revue illustrée : « Qu'est-ce qui fait l'originalité et le charme si particuliers de nos appartements d'aujourd'hui ? »

Le gala WANDEKOR eut lieu dans un grand pavillon de verre situé Karl-Marx-Allee, là où de miens amis à moi avaient tenu quelques années plus tôt le club *Ibiza*.

Je me tenais à l'entrée, saluant le cinq millième visiteur avec une tulipe rouge, quand je vis s'approcher mes nouveaux amis Alexander Schröder et Thilo von Wermke. Depuis nos vacances à Bâle, nous nous étions revus plusieurs fois pour nous rendre ensemble à des soirées. Une chance que les galeristes soient aussi d'ambitieux hommes d'affaires, tout comme moi, raison pour laquelle j'ai toujours sympathisé d'emblée avec la plupart des galeristes que j'ai rencontrés. Avec Thilo von Wermke j'eus même bientôt fondé une entreprise, l'agence événementielle *Partner & Partner*. Si mes souvenirs sont exacts, le gala WANDEKOR fut d'ailleurs notre première collaboration.

« Il faut qu'on te parle, nous avons une nouvelle idée d'affaire, me cria Thilo par-dessus la cohue. Tu serais partant ? »

« Une idée d'affaire, je suis partant, mais ici c'est trop bruyant » criai-je, et je les conduisis dans la salle de réunion du pavillon.

Calés dans leurs fauteuils, ils m'expliquèrent leur projet : « Nous voulons ouvrir un club. »

Ouvrir un club, ouvrir un club. Ces mots bourdonnaient dans mes oreilles, et aussitôt apparut devant mon œil intérieur une scène du livre *Studio 54 – The Legend*, que j'avais lu par hasard la veille au soir : Steve Rubell, le fondateur surdoué de la boîte de nuit la plus célèbre du monde, ayant fini sa nuit de travail, monte sur son bureau pour soulever le revêtement du plafond et y glisser un sac-poubelle bourré de dollars. Lequel vient rejoindre quelques centaines d'autres sacs-poubelle bourrés de dollars, entassés là… des centaines de sacs-poubelle… des centaines de sacs-poubelle… sacs poubelle, sacs-poubelle, sac-poubelle… cette image ravissante me donnait le tournis !

« Allô allô ? Tu nous entends ? Ça ne va pas ? » s'écria Alexander Schröder, m'arrachant à mes rêveries.

« Si, si » balbutiai-je en me pinçant le lobe de l'oreille, sur quoi je m'écriai avec enthousiasme : « Ouvrir un club ! Banco ! » et je m'en fus chercher pour mes amis une bouteille de prosecco.

Le lendemain matin, à huit heures, je pris ma voiture et me rendis Chausseestrasse pour visiter les locaux qui devaient accueillir notre boîte de nuit. Un an plus tôt, à cet endroit précis, où depuis peu se dressait un hôtel de dix étages, se trouvait encore un supermarché de plain-pied datant de la RDA. Deux ans plus tôt, mes amis y avaient ouvert un club. À présent, ils avaient réussi à convaincre le maître d'œuvre d'installer au même endroit, mais quatre mètres sous terre, autrement dit dans la cave de l'hôtel, une nouvelle boîte de nuit. Elle devait s'appeler PELHAM, en référence au légendaire personnage du roman de Bulwer-Lytton.

« Sublime, fis-je à Thilo Wermke tandis que nous inspections les locaux, mais où donc est Alexander ? »

« En voyage d'affaires, à Honolulu... » répondit-il.

Le club comptait cinq ou six espaces différents : en descendant l'escalier, on atterrissait au foyer, de là on arrivait tout droit sur une grande piste de danse, à gauche venait le bar et derrière s'ouvrait un petit salon particulier.

« Fantastique, m'écriai-je. On ouvre quand ? Demain ? » J'étais quelque peu pressé, ayant trois mois de loyer de retard.

« Non, non, du calme, fit lentement Thilo en nettoyant ses lunettes d'un air pensif. « Il faut d'abord aménager les lieux... Nous aurons besoin de canapés... vénitiens... et de tentures de soie florentines... »

« Est-ce vraiment nécessaire ? » demandai-je éberlué.

« ... de lampes ougandaises... » continua-t-il.

« Pardon ? » criai-je.

« ... de verrerie néo-calédonienne... de tabourets de bar afghans... »

Trois ou quatre mois plus tard, nous avions tout réuni, le club était aménagé, la soirée d'ouverture arrivée. Au risque de paraître arrogant – mais des milliers de personnes m'en sont témoins – jamais Berlin n'avait connu gala d'ouverture plus grand ni plus triomphal. Le seul à ne pas apparaître était Alexander Schröder, qui était en voyage d'affaires au Caire.

Quand, le matin suivant cette splendide soirée d'ouverture, les derniers invités furent partis, je me précipitai au bar avec la caisse. Thilo Wermke et Boris Radczun buvaient un rooibos au comptoir.

« Regarde, Thilo ! » criai-je et je jetai en l'air, tout en marchant, la vingtaine de billets qui se trouvaient dans la caisse. « Nous voilà riches, alléluia ! »

Puis je les ramassai, grimpai sur le comptoir avec mon petit paquet et cachai l'argent derrière un tuyau d'aération au plafond.

« Qu'est-ce que tu fais ? » me demanda Thilo interloqué en reposant lentement sa tasse sur la soucoupe. « Pourquoi tu planques l'argent derrière le tuyau d'aération ? »

« Mais voyons, lui expliquai-je, comme Steve Rubell, au Studio 54... »

Thilo se contenta de secouer la tête d'un air compatissant : « Comme Steve Rubell ! Tu as compté ? Ça nous fait combien de millions ? »

Boris Radczun eut un gloussement.

« Environ six cents euros ! fis-je. Cela fait trois cents chacun, multiplié par trente si nous ouvrons tous les jours... »

« Et Alexander ? demanda mon partenaire sévèrement. Tu l'as déjà oublié ? »

« Mais… il est toujours en voyage… » fis-je remarquer.

Thilo, encore une fois, ne put que secouer la tête : « Voilà pour ta loyauté, fit-il d'un ton tranchant. Maintenant, pour ce qui est de ta comptabilité : il t'a peut-être échappé que nous avons fait livrer ce matin pour plus de dix mille euros de boissons. Nous n'avons donc pas encaissé six cents euros de bénéfices, mais neuf mille quatre cent euros de pertes ! »

« Parce que tu as offert beaucoup trop de boissons ! » m'exclamai-je très en colère.

« Non mais dis donc ! Je ne peux tout de même pas demander à nos meilleurs amis de payer à la soirée d'ouverture de notre boîte de nuit ! »

« D'accord, mais à quoi nous sert ce club alors ? hurlai-je en me jetant, furieux, sur le canapé. On veut faire de l'argent, oui ou non ? »

À cet instant Boris Radczun se planta devant moi et se mêla à la conversation : « Tu as encore beaucoup à apprendre, mon cher Rafael, fit-il d'un ton compatissant. Avant tout, tu dois apprendre qu'il y a des choses plus importantes dans la vie que l'argent. Pas vrai, Thilo ? »

À ces mots, il posa sa main sur l'épaule de Thilo. Tous deux restèrent un moment plantés devant moi, secouant la tête devant tant de faiblesse de caractère, puis me laissèrent seul avec moi-même.

Je m'étais bientôt fait à l'idée que le PELHAM ne nous rapporterait pas le moindre centime, alors même que le club était toujours bondé. Et ce – je peux le dire en toute modestie – uniquement grâce à moi. Ou plus exactement, grâce à mes talents de danseur : soir après soir, des foules entières affluaient au PELHAM pour admirer ma danse toupie, mariage original de derviche tourneur et d'Isadora Duncan.

Soir après soir, un public exclusivement féminin se pressait autour de la grande piste pour me voir faire la toupie, pendant qu'un Conny Opper outrageusement maquillé passait une musique de plus en plus galvanisante.

Cette danse toupie, qui sous les cris et les clameurs des femmes pouvait durer parfois des heures, s'achevait régulièrement par mon effondrement – souvent feint, mais effet toujours garanti sur trois ou quatre femmes qui me ramassaient et me ramenaient chez elles…

J'avoue que ma dépravation morale avait atteint à cette époque un degré proprement dégoûtant. Le bouleversement que m'avait causé la disparition inexpliquée de ma chère et tendre Madame Glawny avait dû provoquer en moi un dysfonctionnement érotico-névrotique. Quant à mes partenaires en affaires, ils craignaient pour la réputation de leur club et j'étais devenu pour eux un fardeau encombrant.

Un soir que je descendais les marches du PELHAM vêtu de mon nouveau manteau de fourrure, cadeau d'une admiratrice, Thilo m'attendait déjà en compagnie de Boris Radczun et d'un autre ami, Matthias Kind. Même Alexander Schröder était présent ce soir-là.

« On peut te parler une minute ? » demanda Thilo, et tous les quatre me barrèrent le passage, le visage fermé.

« Bien sûr, fis-je faussement surpris, qu'est-ce qui se passe ? »

« Hier soir encore, nous t'avons observé pendant que tu exécutais…, commença Boris, ta… comment dire… » – à cet instant il fit un rapide mouvement circulaire avec son index en l'approchant de sa tempe – « danse toupie ».

« Oui, et alors ? J'ignorais qu'il était interdit de danser dans cette boîte » fis-je avec une moue.

« S'il n'y avait que cette danse ! s'écria Thilo. Mais tu pars du club tous les soirs avec toutes ces femmes, et jamais les mêmes ! Nous ne sommes pas les seuls à nous poser des questions, beaucoup de clients se demandent ce que cela signifie ! »

« *Nous nous demandons ce que ça signifie !* hurlai-je en roulant les yeux. Ce que ça signifie ? Nous allons tous ensemble chez l'une d'elles, ou à l'hôtel, nous dînons, tous ensemble, nous allons au jacuzzi un bain, tous ensemble, puis... »

« Stop ! » cria Boris. « Merci, ça ira ! On se passe des détails ! »

« Lamentable ! » siffla Matthias Kind en me tournant le dos.

« Oui, mais regardez ça ! » m'écriai-je fièrement en levant ma main droite sur laquelle étincelait une énorme bague de diamant.

Mes amis me fixèrent horrifiés.

« Et en plus tu te fais payer ! » Atterré, Alexander Schröder prit sa tête entre les mains.

« Tu es la honte de ce club ! » cria Matthias dans mon dos, tandis que je passais devant eux pour rejoindre la piste de danse et me préparer à ma performance du soir.

Voilà donc ce que la vie à Berlin-Mitte avait fait de moi : un gigolo dépravé, menteur, arrogant, cupide, incapable de distinguer l'amour des instincts les plus vils. J'avais beau savoir au plus profond de moi que mes amis avaient raison, je ne pouvais m'empêcher de rechercher sans relâche les plaisirs les plus bas. Il me fallait sans relâche exécuter ma danse toupie.

Jusqu'au jour où un terrible événement vint m'ouvrit les yeux.

La soirée avait commencé comme tant d'autres avant elle. J'étais allé voir Conny Opper chez lui. Nous avions siroté ensemble une infusion de camomille et nous étions fait maquiller par sa petite amie, la chanteuse Peaches, avant de nous rendre au PELHAM.

Sur la grande piste de danse je tournais lentement, dans mon lourd manteau de fourrure, au rythme des musiques encore paisibles passées par Conny Opper. La salle se remplit rapidement d'une foule compacte de femmes. Puis, comme toujours, Conny et moi accélérâmes le tempo, crescendo, jusqu'au délire, jusqu'à ce que les forces centrifuges fissent décoller le manteau de mon corps, et que dans mon costume blanc je produisisse l'effet d'une bobine de soie tournoyante. Le tout sous les ovations et les hurlements des femmes.

Plus tôt, alors que je tournais encore lentement, j'avais déjà repéré les femmes qui ce soir-là avaient jeté leur dévolu sur moi : trois étudiantes bien en chair, visiblement belges. Ainsi qu'une femme aux cheveux de jais et à la peau tannée, particulièrement altière, que je pris pour une Espagnole. Agitant son éventail, elle arpentait la piste de danse, un gros cigare au coin de la bouche. Sous l'ourlet de sa longue jupe pointait un élégant sabot.

Je venais donc, comme de coutume, d'achever ma danse par un évanouissement feint, lorsque cette Espagnole se rua sur moi, me rattrapa dans ma chute, posa ma tête sur ses genoux, tira une bonne bouffée de son cigare, rejeta la tête en arrière et souffla la fumée au plafond. Puis elle se pencha très lentement sur moi, ouvrit comme au ralenti ses lèvres fardées rouge sang et montra les dents, découvrant deux énormes canines pointues, qui ne cessaient de s'allonger ! Elle grognait comme un verrat.

J'eus tôt fait de comprendre à qui j'avais affaire :

C'était Signora Sarasate !

Mais avant même que, dans ma panique, je pusse crier à l'aide, un jet d'eau jaillit du plafond et s'abattit sur nous. Avec la fumée de son cigare, la voyante avait déclenché le système d'extinction incendie ! Les gouttes sur sa peau sifflèrent comme sur une plaque de cuisson brûlante et s'évanouirent en un jet de flammes rougeoyantes. Signora Sarasate hurla comme si elle avait été aspergée d'huile bouillante. L'instant suivant, un bataillon de pompiers fit irruption dans le club et inonda toute la piste de danse. Dans la confusion générale, j'eus tout juste le temps de voir la voyante couverte de cloques tituber vers l'escalier, puis s'envoler, le plus naturellement du monde.

J'attendis un peu, puis montai l'escalier à quatre pattes, jetant un œil à droite et à gauche au cas où la gitane me guetterait encore, puis, rassemblant mes dernières forces, je me traînai jusqu'à chez moi.

Trois jours durant, je fus incapable de quitter le lit. J'avais de fortes fièvres. J'enviais les animaux, ces êtres bienheureux : les chenilles, symbole de l'innocence ; les taupes, incarnation du chaste sommeil.

Ma santé était en péril. L'effroi vint. Je sombrai dans des jours de sommeil, et quand j'étais éveillé, le même rêve obscur continuait de me hanter. J'étais mûr pour la mort, et ma faiblesse me mena jusqu'aux extrémités du monde, en Chimérie, un pays d'ombres et de tempêtes.

CHAPITRE 17

Seul un miracle pouvait encore me sauver. Et puisque dame Fortune avait décidé, comme toujours, de m'être tout particulièrement favorable, il n'y eut pas un, mais trois miracles.

Ayant dormi plusieurs jours et nuits d'affilée, je me réveillai guilleret et reposé, et la première chose que je fis fut de me rendre à notre boîte de nuit. Chemin faisant, j'essayai de me remémorer la dernière soirée au PELHAM. Elle ne me revenait encore que par bribes. Je me rappelai « mouillé », je me rappelai « fumée », et ce fut tout.

Quand je descendis les marches du PELHAM, Thilo me salua avec une exaltation débordante : « Où étais-tu passé, cher ami ? Tu nous as manqué, tu sais ! Sache que Frédéric Beigbeder vient faire le disc-jockey ce soir, après sa lecture ! »

« Frédéric qui ? » demandai-je. Ce nom m'était parfaitement inconnu.

« Beigbeder, l'écrivain français ! » s'exclama Thilo et il disparut dans le bar.

« Pourquoi la piste de danse est-elle fermée à clé ? » m'enquis-je en secouant les battants de la porte.

« Ah oui, faut que je te raconte : hier on a reçu une série de plaintes de l'hôtel. Paraîtrait qu'on entend la musique jusqu'au huitième étage. Du coup le propriétaire n'autorise plus de musique qu'au bar ! »

« Et ma danse toupie ? » demandai-je.

« Danse toupie ?, cria Thilo depuis le bar. Quelle danse toupie ? »

« Eh bien, ma danse toupie ! Que j'exécute tous les soirs sur la piste ! »

À ce moment-là, Thilo quitta le bar pour revenir au foyer et me dévisagea avec de grands yeux : « Danse toupie ? Nous nous connaissons maintenant depuis au moins deux ans, et je peux te garantir une chose : je ne t'ai jamais vu danser ! »

« Mais enfin, et toutes ces femmes qui viennent au PELHAM rien que pour admirer ma danse toupie » m'exclamai-je avec un filet de voix très haut perché.

À ce moment-là, Thilo s'approcha tout près de moi et posa une main amicale sur mon épaule : « Bon, sérieusement, mon cher Rafael… Boris et moi, on en parlait hier. Qu'est-ce que tu as en ce moment… ? »

« Qu'est-ce que tu veux que j'aie ? » demandai-je, le souffle court.

« Eh bien, comment dire… Nous avons remarqué que nous ne t'avons jamais vu en compagnie d'une femme… ni même parler avec une femme… on se demandait si tu avais seulement déjà… avec une femme… »

« Plaît-il ? » fis-je.

« Eh bien, peu importe. Tu sais, hier est passée une très, très jolie étudiante que Boris connaît du Ratinger Hof, de son époque à Düsseldorf. Et tous les deux, on s'est dit qu'elle était exactement ce qu'il te faut. Elle repassera peut-être ce soir, je te la présenterai ! »

Ma tête bourdonnait. Je posai mon front sur la porte de la grande salle de danse, afin de le rafraîchir. Porte derrière laquelle, tout récemment encore, j'avais exécuté ma danse toupie ! Deux ou trois jours auparavant, tout au plus ! Jusqu'à l'arrivée des pompiers ! Comment se faisait-il que

Thilo ne se souvenait de rien ? Va prendre un peu l'air et fumer une pipe, me dis-je. Comment se fait-il que tes chaussures soient toutes trempées ! De l'eau ! De l'eau ! Partout de l'eau ! Je n'en croyais pas mes yeux. Sous la porte, venant de la piste de danse, une immense flaque d'eau inondait jusqu'au foyer.

« Au fait, j'oubliais, partner, cria Thilo depuis le bar, viens voir un instant ! »

J'entrai dans le bar à petits pas mouillés. Debout derrière le comptoir, Thilo fouilla dans un porte-document, puis s'approcha et me glissa une énorme liasse de billets dans la main : « Tiens, ta part de la semaine dernière. »

« Comment ? fis-je. Mais c'est… »

« Oui, je sais, ce n'est pas énorme, dit Thilo d'un ton d'excuse, comparé à ce que tu gagnes avec ton magasin de meubles… »

Je dus m'asseoir. Je m'empressai de boire un tilleul, me vidai goutte à goutte un flacon entier de Fleurs de Bach *Rescue Remedy* dans la bouche, puis versai encore environ mille granules d'*arsenicum album* sous la langue, où elles devaient produire leur effet relaxant.

Je me demandai s'il ne valait pas mieux rentrer à la maison. Mais déjà les premiers clients arrivaient au compte-goutte. Je me plantai au milieu du foyer, sans quitter l'escalier des yeux. Je ne voulais en aucun cas manquer l'arrivée de cette belle étudiante de Düsseldorf dont Thilo venait de me parler. Par mesure de sécurité je m'agrippai à la rampe de l'escalier, car j'étais encore un peu faible sur mes jambes. Un peu d'écume coulait de la commissure droite de mes lèvres. Les granules commençaient à produire leur effet.

Puis arriva ce qui devait arriver ! Notre videur Adel Halilovic ouvrit la porte en grand, et dans la pénombre de l'entrée quelques paroles amicales furent échangées. Qui descendit ? Peter Scholl-Latour[1] ! Plus rapide que mon ombre, je me cachai dans le débarras. À cet instant précis, je ne savais plus si je le détestais ou l'admirais. Toujours est-il qu'il me fit une peur bleue. Quelques minutes passèrent et je retournai au foyer. Je m'agrippai à la rampe de l'escalier. Un peu d'écume coulait de la commissure gauche de mes lèvres.

Puis arriva ce qui devait arriver ! Notre videur Oliver Barduhn ouvrit la porte en grand, quelques paroles amicales furent échangées. Qui descendit l'escalier surgissant de la pénombre de l'entrée ? Martin Klosterfelde, Johann König, Maike Cruse, Niklas Maak, Peter Richter, Johanna von Rauch, Johanna Adorján, Rainald Goetz, Stephan Landwehr, Marc Hosemann, Mavie Hörbiger, Anne et Moritz von Oswald, Moritz von Uslar, Nicolette Krebitz, Ulf Poschardt, Cornelius Tittel, Howard Sheronas – suivis d'environ deux mille autres galeristes, journalistes et génies. Johann König et Maike Cruse se dirigèrent tout droit vers moi et, l'air grave, engagèrent la conversation : « Nous devons absolument te présenter notre dernière chorégraphie, Rafi, nous avons répété pendant trois jours ! » « Très bien, fis-je, mais ne frappez pas trop fort à la porte. » Christian von Borries m'entraîna dans le salon particulier. « Tu as déjà réfléchi à un nom pour notre série de nuits spéciales au PELHAM ? » « Masse et nuisance » dis-je, l'esprit ailleurs. Puis Thilo arriva en compagnie d'un homme qui avait l'air d'un avocat avec sa chemise rayée blanc bleu, sa grosse paire de lunettes en écaille et son menton remarquable. « Frédéric, voilà Rafael, mon partenaire… » Sur ces mots, Thilo me laissa seul avec le poète français. En deux minutes nous devînmes les meilleurs

1. Jeune journaliste né en 1924 (Ndt).

amis du monde et nous nous prîmes l'un l'autre en photo dans des poses ridicules.

Puis la belle étudiante me revint à l'esprit !

Je retournai vite à mon poste au milieu du foyer, sans quitter l'escalier des yeux.

Puis arriva ce qui devait arriver ! Nos videurs ouvrirent la porte en grand, un murmure parcourut la foule. Qui descendait dans la pénombre... ? Je plissai les yeux pour mieux voir : une silhouette élégante... une apparition fabuleuse...

« L'étudiante de Düsseldorf, chuchota derrière moi Thilo à mon oreille en me poussant dans sa direction. Va la voir et demande-lui n'importe quoi ! »

Ébahi par sa beauté, j'allai droit vers elle, pris ses mains et lui dis : « Hâtons-nous ! Y a-t-il d'autres vies ? Seul l'amour céleste nous délivre la clé de la connaissance ! »

Une semaine plus tard nous nous fiancions à Cannes, deux semaines plus tard nous nous marions à Heiligendamm, station balnéaire au bord de la Baltique.

Peu après, Thilo Wermke devait rencontrer à son tour sa future épouse au PELHAM.

Alexander Schröder s'était entre-temps marié lui aussi.

Nous n'avions plus aucune raison valable de continuer à exploiter une boîte de nuit.

Sans plus tarder, nous fermâmes le PELHAM pour toujours.

Le calme se fit à nouveau dans le quartier de Berlin-Mitte.

Je n'ai plus jamais exécuté ma danse toupie.

CHAPITRE 18

Quelques semaines après la fermeture de notre club, debout dans mon magasin de meubles, je fumais la pipe et caressais ma barbe d'une main rêveuse, lorsque, tout à coup, on frappa à la porte avec une violence excessive.

Dehors, sous la pluie neigeuse, se dressait un homme en polo bleu, bermuda et chaussures bateau sans chaussettes.

Au bout d'une demi-heure, quand j'eus enfin réussi à ouvrir les trois verrous de la porte, l'homme passa devant moi à toute vitesse et fonça droit vers le radiateur en disant : « Bonjour, Christian Kracht, l'écrivain. Je viens d'arriver à Berlin et je cherche un emploi. »

« Il faudra en passer d'abord par un stage non rémunéré » criai-je, car je demeurais intraitable en affaires.

« D'accord » dit l'écrivain.

« Bien. Nous partons dans une heure livrer des bibliothèques. Mais mangeons d'abord un morceau. » À ces mots, je sortis un bout de pain et du saucisson du garde-manger et posai le tout sur la table.

Nous mangeâmes en silence.

Les semaines suivantes, nous livrâmes des bibliothèques ensemble. C'était un travail éreintant, mais à deux on s'amusait comme des petits fous. Depuis que j'avais repris mes affaires en main et cessé de gaspiller mon temps dans les clubs, le nombre de commandes de bibliothèques avait décollé de manière exponentielle. Il fallut louer de nouveaux locaux pour les ateliers, former de nouveaux collaborateurs au maniement de la scie, et dans le même temps enchaîner avec Kracht les livraisons à nos clients.

Le printemps arriva en douceur. Déchaînés, nous sillonnions Berlin-Mitte dans notre fourgonnette en chantant des chansons de marins. Entre chaque livraison, en retournant au magasin pour charger de nouvelles bibliothèques, nous bavardions.

Christian Kracht me confia son projet de fonder à Katmandou une revue en langue allemande : « Un magazine pratique *unisexe.* »

Je lui fis part de mon projet de devenir la figure intellectuelle la plus importante du XXIe siècle.

Il parut drôlement impressionné.

Un soir que nous avions livré toute la journée des bibliothèques et monté des murs entiers de rayonnages, nous fumions la pipe assis dans la chambre d'hôtel de Kracht. Le soleil se couchait à l'horizon, ses rayons perçaient les voilages quasi à la verticale, quand tout à coup, Kracht ôta la pipe de sa bouche et la jeta par la fenêtre. Suivie de ses chaussures. Suivies de son réveil de voyage.

Après une longue pause, il dit d'une voix lugubre :

« L'Ennui. »

Un ange passa dans la chambre d'hôtel.

« Tu sais, reprit-il, il faut que quelque chose d'inconnu, d'insensé nous arrive. J'ai une peur bleue du prévisible. D'une vie calculée. Parce qu'à la fin, un moins un égale zéro, et alors c'est la mort. »

« Oui » fis-je.

« Et l'art, poursuivit Kracht d'un air songeur, l'art n'est évidemment pas la solution. Mais je dois avouer une chose :

livrer ces belles bibliothèques dans cette belle fourgonnette, chanter des chansons de marins, fumer la pipe; et puis le magasin de meubles, le bureau, l'académie: tout cela est beau et drôlement intéressant! »

« Parce que c'est la Nouvelle Réalité » conclus-je.

Le lendemain matin, nous reprîmes notre tournée en fourgonnette et livrâmes nos bibliothèques. Dans la Münzstrasse, nous passâmes devant une boutique qui vendait des pinceaux et des couleurs, *Tout pour le peintre sur Alexanderplatz*.

« Arrête-toi! » cria Kracht.

Nous stoppâmes freins hurlants, bondîmes hors de l'auto, courûmes devant la vitrine et fixâmes des yeux l'étalage. « Magasin spécialisé Bob Ross » indiquait un grand écriteau posé sur un chevalet. Tout autour on voyait des pinceaux spéciaux, des éponges spéciales et des tubes de peinture spéciaux pour confectionner des tableaux selon la technique Bob Ross. Quelques Bob Ross étaient même accrochés dans la devanture: paysages alpestres, cascades, sous-bois. Ainsi qu'un écriteau: « Cours de peinture Bob Ross. Tous les jeudis. Pour tout renseignement, s'adresser à l'intérieur. »

« Bob Ross est Dieu, dit Christian Kracht. Nous venons peut-être de trouver la solution à tous nos problèmes, car une chose est sûre, c'est tout sauf de l'art! »

« Question de point de vue! » criai-je, m'apprêtant à retourner à la fourgonnette.

« T'inquiète, me rassura Kracht, ce n'est pas en rentrant dans cette boutique Bob Ross que nous allons devenir artistes par inadvertance! Allons seulement voir si nous découvrons quelque chose d'intéressant! »

Nous ouvrîmes la porte à toute volée et entrâmes dans la boutique, qui faisait le coin d'une rue.

Un silence absolu nous accueillit.

On n'entendait que le grésillement d'un moustique qui cramait dans le piège électrique au-dessus de la porte.

Puis nous perçûmes des pas traînants. Un petit vieux avec des lunettes à verres en cul-de-bouteille sortit de l'arrière-boutique et se planta derrière le comptoir.

« Vous désirez ? » demanda-t-il d'une voix chevrotante.

« Bonjour, dit Kracht, nous souhaiterions suivre un cours de peinture, nous avons vu l'écriteau dans votre vitrine ! »

« Désolé, dit le vieil homme, il n'y a pas cours cette semaine… »

« Pourquoi ? » demandâmes-nous en chœur, curieux et désappointés.

« La peintre qui dirige les cours a un empêchement… » dit le vieil homme en nous toisant d'un air méfiant derrière ses culs-de-bouteille.

« Nous donneriez-vous éventuellement votre carte de visite ? dis-je en gesticulant. Ainsi, nous pourrons appeler la semaine prochaine et demander si le cours a repris ! »

« Hum, oui, bon, soit. Voici ma carte, mais n'appelez jamais après dix-huit heures, c'est très important ! » fit-il en nous menaçant de son index.

Nous empochâmes la carte et prîmes congé poliment. Dehors, parcourant ensemble la carte des yeux, nous eûmes le souffle coupé : « Tout pour le peintre sur Alexanderplatz » lisait-on, et juste en dessous : « propriétaire : Günter Prophet » !

« Günter Prophet, s'écria Kracht. Qu'est-ce que je disais ! Bob Ross est Dieu ! Et Günter est son prophète ! »

Une semaine plus tard nous appelâmes comme convenu chez Günter Prophet, et comme personne ne décrocha, nous retournâmes à sa boutique, puis encore une fois, puis une autre fois, et à chaque fois Günter Prophet avançait un nouveau prétexte pour justifier l'annulation du cours.

Au bout d'un moment, l'idée de suivre le cours nous passa.

Kracht tint encore un séminaire dans mon académie sur le groupe de Memphis, le séminaire le plus court et le plus triomphal qui eût jamais lieu dans l'Académie des sciences de Berlin. Il était à ce point bondé que nous devions en cours de séance imprimer sans discontinuer des attestations de présence supplémentaires. C'est dire l'affluence.

Puis Kracht partit en voyage à Katmandou afin d'y créer pour de bon le magazine pratique *Der Freund*, i.e. *L'Ami*, en collaboration avec le Dr Eckhart Nickel, lequel était parti en éclaireur louer pour la rédaction des bureaux à l'hôtel Sugat, avec vue sur le Palais-Royal.

« Si quelqu'un a touché du doigt ce qu'est la Nouvelle Réalité au Népal, c'est bien Nickel et Kracht » me disais-je à chaque nouveau télégramme et à chaque nouvelle carte postale qui me parvenaient de l'hôtel Sugat. Naturellement je fournis moi-même des textes au nouveau magazine, traitant de rectifieuses, de pâte à tartiner et de lycopodium.

Lorsqu'un an plus tard Kracht revint à Berlin, nous reprîmes sur-le-champ nos livraisons. Quelle ne fut pas notre surprise lorsque nous découvrîmes chez Nicolaus Schafhausen les innombrables piles de livres pour lesquelles il avait commandé un immense ensemble de bibliothèques. Et nous fûmes plus surpris encore en livrant des bibliothèques dans l'atelier de Daniel Richter : jamais nous n'avions vu de tableaux aussi grands !

Allant de client à client, nous fumions nos pipes en papotant, et nos causeries tournaient de plus en plus souvent autour du moyen de gagner le maximum d'argent en un minimum de temps. Il apparut bientôt que ce sujet démangeait Kracht encore plus que moi. « On devrait composer un tube, ça rapporte un max » dit Kracht en montant le son de la radio. Hélas, nous ignorions à peu près tout de la musique.

Soudain mon portable sonna, c'était Moritz von Uslar : « Yo, Raf, salut, cria-t-il dans l'appareil, j'ai déjà terminé ma nouvelle pièce de théâtre, elle sera créée la semaine prochaine au Berliner Ensemble ! »

J'étais rudement impressionné, c'était déjà la troisième pièce écrite par Uslar coup sur coup !

« Dis, ça rapporte combien une pièce de théâtre ? » m'enquis-je aussitôt.

« Yo, Raf, à un de ces quatre, je raccroche ! » fut la réponse d'Uslar. Il venait probablement de recevoir du directeur du théâtre une grosse liasse qu'il devait recompter.

« C'était Usli, dis-je à Kracht qui ce jour-là conduisait la fourgonnette. Il a encore écrit une pièce de théâtre, qui sera créée la semaine prochaine au Berliner Ensemble ! »

À cet instant, je vis très distinctement Christian Kracht devenir vert, puis bleu de jalousie.

« Bon sang, c'est déjà sa troisième pièce, éructa-t-il. Je parie qu'en plus il a touché un max ! »

Nous décidâmes aussitôt d'écrire nous-mêmes une pièce de théâtre.

Le lendemain, nous nous installâmes dans le train pour Szczecin, conscients qu'une telle activité créatrice exigeait de prendre quelque distance avec Berlin.

« À nous la fortune ! » criai-je quand le train démarra.

Indifférents au paysage qui défilait au-dehors, nous parlâmes longuement de tout ce que nous envisagions d'acheter avec les droits d'auteur engendrés par notre pièce de théâtre.

« Maintenant que j'y pense, de quoi notre pièce va-t-elle parler ? » demanda subitement Kracht.

« Aucune idée, dis-je. C'est toi, l'écrivain ! »

Mais Kracht n'avait pas plus d'idée que moi.

« Appelle Usli, finit-il par dire à voix basse pour ne pas se faire entendre des autres voyageurs de notre compartiment, et demande-lui au passage s'il n'a pas déjà une idée pour sa prochaine pièce de théâtre ! Et pendant que tu y es, demande-lui aussi comment on fait : le découpage, acte I, scène 2 et cætera, bref, comment se construit une pièce de théâtre ! »

C'est que ni lui ni moi n'étions encore jamais allés au théâtre.

« Bonne idée, j'appelle Uslar » fis-je enthousiaste.

Mais Uslar ne décrocha pas.

« Qu'à cela ne tienne, appelons Rainald Goetz ! » dit Kracht avec impatience.

Mais Goetz ne décrocha pas non plus.

Nous étions descendus à l'hôtel Neptune de Szczecin et défaisions nos valises dans la suite Neptune, quand tout à coup j'eus un éclair de génie.

« Euréka, je le tiens, le sujet de notre pièce ! » m'écriai-je en me donnant une tape sur le front.

« Ah bon, c'est quoi ? » demanda Kracht.

« Notons tous nos faits et gestes depuis le moment où nous sommes entrés dans cette chambre d'hôtel ! Tels quels ! Sans rien inventer ! Comme des comptables ! »

Kracht s'assit incontinent et se mit à écrire :

Acte I, scène I

Chambre d'hôtel en Pologne.

Horzon et Kracht entrent.

KRACHT : C'est beau ici, beaux tapis, belle tapisserie, tout est beau.

HORZON : Espérons que la nourriture est aussi bonne.

KRACHT (sévère) : Ah ! mais nous ne mangerons rien, nous devons être créatifs, et ne le pourrons qu'à condition de jeûner, sans même boire !

HORZON : Pendant quatre jours ?

KRACHT : Pendant quatre jours.

HORZON : Mais si nous nous dépêchons, nous aurons peut-être terminé notre pièce dès demain, et alors nous pourrons manger.

KRACHT : Sur quoi allons-nous écrire, dis ? As-tu essayé de joindre Usli ?

HORZON : Oui, il n'a pas décroché...

KRACHT : Et Goetz ?

HORZON : Pas décroché non plus...

KRACHT : Hmm...

Ils défont leurs valisent. Soudain Horzon se donne une tape sur le front.

HORZON : Euréka, je le tiens, le sujet de notre pièce !

KRACHT : Ah bon, c'est quoi ?

HORZON : Notons tous nos faits et gestes depuis le moment où nous sommes entrés dans cette chambre d'hôtel ! Tels quels ! Sans rien inventer ! Comme des comptables !

Kracht s'assied incontinent et se met à écrire :

Kracht, écrivant : Acte I, scène 1, chambre d'hôtel en Pologne, Horzon et Kracht entrent.

Kracht : C'est beau ici, beaux tapis, belle tapisserie, tout est beau.

Horzon : Espérons que la nourriture est aussi bonne.
Kracht (sévère) : Ah ! mais nous ne mangerons rien, nous devons être créa…

À cet endroit, Kracht arrêta d'écrire : « Ça ne va pas. Je crains que ça ne tourne en rond ! »

Je commençais moi-même à avoir le tournis, sans compter que j'avais l'estomac dans les talons : « Peut-être pourrions-nous aujourd'hui nous permettre une entorse et manger un tout petit morceau… et demain… demain nous jeûnerons et écrirons notre pièce ! »

Nous passâmes les jours suivants à buller devant la télévision. Nous faisions monter les copieux repas dans notre chambre. Kracht trouva un grand rouleau de ruban adhésif avec lequel, pour tromper l'ennui, il scotcha les placards, les tiroirs et les fenêtres. La nuit, il déambulait dans les couloirs de l'hôtel en quête de personnes à ligoter au ruban adhésif. « Comme ça, pour le fun » disait-il. Pendant ces quelques jours, il me fit assez peur. Notre pièce de théâtre nous était vite sortie de l'esprit.

Au bout de quatre jours, nous partîmes à Swinoujscie, autrefois Swinemünde. De là, nous voulions rejoindre Berlin à pied en longeant la plage.

À Szczecin déjà nous nous étions aperçus que nous avions un peu forcé sur les doudounes, pantalons thermo, bonnets et sous-vêtements en laine. « La Pologne est située juste à côté de la Russie, là-bas il fait un froid de canard ! Les pantalons thermo s'imposent. » Tel avait été à Berlin le mot d'ordre de Kracht.

Comme nous descendions du taxi sur la promenade de Swinoujscie, un sirocco brûlant nous souffla au visage. Nous étions à la mi-août.

Ruisselants de sueur, chargés de nos lourdes valises, nous trébuchâmes sur le sable torride, fendant des milliers de Polonaises et de Polonais nus comme des vers. La police fut bientôt prévenue.

« Que faites-vous ? » nous demanda le sergent dans un allemand sans la moindre pointe d'accent.

« Nous cherchons la frontière » dit Kracht en épongeant la sueur qui jaillissait par torrents de dessous son passe-montagne.

« La frontière est là-bas, à environ quatre kilomètres d'ici ! » fit le sergent en montrant un point minuscule à l'horizon.

« Merci beaucoup, sergent ! » criâmes-nous en chœur.

Après deux bonnes heures de marche sous un éblouissant soleil de plomb, nous arrivâmes enfin. La frontière consistait en un filet de volley-ball tendu sur toute la largeur de la plage, de la mer jusqu'aux dunes. Devant le filet, un soldat vautré sur le sable astiquait sa mitrailleuse.

« Hé, vous, que faites-vous ? » nous lança-t-il comme nous nous apprêtions à enjamber le filet.

« Nous voulons passer la frontière… nous allons à Berlin » expliquâmes-nous, couverts de sueur et le souffle court.

« Non » dit le soldat.

« Comment ça, non ? m'écriai-je. Les accords de Schengen nous donnent pourtant le droit de… »

« Halte là ! Frontière ! » cria le soldat.

Puis il montra un point minuscule à l'horizon :

« Si vous voulez passer la frontière, vous devez aller là-bas, prendre un taxi et passer la frontière à bord du véhicule ! »

« Mais nous en venons justement ! » cria Kracht tout déconfit. Là-dessus, il se mit à fouiller dans son énorme doudoune double épaisseur. « Et maintenant, on dit quoi ? » fit-il au soldat en lui fourrant sous le nez un billet de dix zlotys dégoulinant de sueur. « Alors on dit quoi, mon pote : frontière toujours fermée ? »

Pour toute réponse, le soldat brandit sa mitrailleuse et tira un coup de semonce. Puis il déchargea une puissante salve vers le ciel. Puis il vida son magasin.

Hurlant de peur, nous détalâmes dans nos pantalons thermo sur le sable brûlant.

À Swinoujscie nous montâmes dans un taxi.

Tard dans la nuit, nous regagnâmes Berlin.

CHAPITRE 19

Une semaine plus tard, je partis seul à l'atelier d'Anselm Reyle pour lui livrer une bibliothèque destinée à ses chaussures. Kracht ne pouvait pas venir, il était cloué au lit par une mauvaise fièvre de cheval, je lui avais donc accordé à titre exceptionnel une journée de congé.

J'arrivai à l'adresse indiquée, un immense bâtiment industriel en brique. Une aimable secrétaire m'ouvrit et me conduisit dans un bureau lambrissé, avec un mur aquarium empli de poissons d'agrément. Tandis que j'attendais Anselm, la secrétaire rentrait des séries de chiffres dans son ordinateur.

Anselm a dû louer un espace dans cette usine pour peindre ses tableaux, me disais-je. La dernière fois que je l'avais vu remontait à cinq ans, quand j'avais voulu le recruter comme collaborateur.

Au bout d'une demi-heure, Anselm Reyle entra dans le bureau, fringant et gai comme un pinson, tel qu'en lui-même.

« C'est quoi au juste comme usine ? » lui demandai-je alors que nous parcourions, après nous être salués, les divers halls du bâtiment. Mais Anselm ne saisit pas ma question. « Je veux dire, qu'est-ce qu'on y fabrique ? » demandai-je encore. « Que font tous ces gens ? »

Quand je m'approchai pour mieux voir, j'en eus le souffle coupé : tout ce monde, debout dans les cinq ou six halls de l'usine, s'affairait à peindre, dans toutes les techniques possibles et imaginables, des bandes de toutes les couleurs possibles et imaginables et à les coller sur des toiles au moyen de pinceaux, de spatules, de cuillers, et j'en passe.

« Tout ce monde fabrique tes toiles rayées ? demandai-je déconcerté. Et toutes ces toiles se vendent ? »

« Non, non, pas toutes, expliqua Anselm. Regarde, je vais te montrer comment nous travaillons ici. »

Il alla à l'une des tables, où un jeune homme venait de terminer une toile aux rayures particulièrement contrastées, argentées, vert fluo, noires et jaunes.

« Celle-là : non ! » fit Reyle. Le collaborateur envoya valser la toile sous la table et se mit en devoir de peindre la toile suivante.

« Qu'est-ce qui n'allait pas dans ce tableau ? » demandai-je à Reyle.

« J'aimais pas trop ! »

Puis il se dirigea vers une autre table où une jeune collaboratrice venait de terminer une toile aux rayures particulièrement contrastées, or, pink et bleu ciel.

« Celle-là : oui ! » fit Reyle. La collaboratrice la rangea sur le côté et se mit en devoir de peindre la toile suivante.

Reyle prit alors un pot de peinture, trempa le bord du pot dans une petite flaque de couleur rouge et apposa sa signature sur le tableau achevé : un cercle très fin accompagné de quelques éclaboussures parfaitement rondes. Après quoi, il étala grossièrement l'une des taches de peinture avec le doigt. Le résultat devait donner l'impression que quelqu'un avait posé par mégarde un pot de peinture collant sur la toile.

Je le regardai faire, n'en croyant pas mes yeux. Je n'avais encore jamais rien vu d'aussi génial. La Factory de New York, à côté, c'était une bande d'amateurs. À peine Warhol avait-il fait fabriquer ses deux ou trois sérigraphies hebdomadaires par son Gerard Malanga que c'était déjà l'heure de partir à la prochaine soirée danse-du-fouet.

Tandis qu'ici, c'était Manchester, ça travaillait tous les jours de six à vingt-six heures, et non pas avec un, mais avec cinquante Gerard Malanga !

Que n'aurait pu produire un homme du talent d'Anselm Reyle pour la Nouvelle Réalité, si seulement il n'avait pas été artiste !

« Au fait, tes toiles coûtent combien aujourd'hui ? » demandai-je avec un réel intérêt.

« Pour ce format » fit distraitement Reyle en pointant une toile rayée de taille moyenne, « vingt mille euros ? Cent mille ? Demande au bureau… »

J'étais sans voix.

Nous allâmes tranquillement jusqu'au hall suivant. « Et que faites-vous des toiles que tu n'aimes pas trop ? » demandai-je, l'air absolument de rien, car une vague idée d'affaire germait à l'instant dans mon esprit.

« Nous les jetons… » fut la réponse.

« Vous les jetez… comme ça… » répétai-je d'un ton chantant, avec une indifférence feinte. « Jetez, comme ça… à la poubelle ? »

En même temps, mon cerveau travaillait à plein régime : n'avais-je pas vu, en bas, dans la cour de l'usine Reyle, une énorme benne à ordures ? Sûr qu'elle était pleine de toiles rayées mises au rebut ! Et quoi de plus simple que de signer avec un pot de peinture, dans mon magasin de meubles, après la journée de travail, quand tous mes collaborateurs dormaient depuis belle lurette…

« Oui, dans la benne à ordures…, fit Reyle, m'arrachant à mes rêveries… mais avant ça, nous les *lacérons*, bien entendu ! »

« Plaît-il ? Comment ? Mais voyons, pour quoi faire ?! » criai-je, hélas un peu trop fort, mais je me ressaisis aussitôt et poursuivis avec un rire censé couvrir mon dépit : « Suis-je bête, pour qu'il ne vienne à l'idée de personne de signer les toiles et de les vendre ! N'est-ce pas ? »

« C'est ça... » dit Reyle en me regardant, méfiant, du coin de l'œil.

Bientôt nous eûmes atteint le hall des sculptures de l'immense usine Reyle, et mon art de la causerie avait pris soin de détendre tout à fait l'atmosphère.

« Qu'est-ce donc que cela ? » demandai-je en montrant une statuette d'environs trente centimètres de haut, sorte de figure extra-terrestre de la maternité en bois poli.

« Je l'ai trouvée aux puces, m'expliqua Reyle, mes collaborateurs l'ont scannée, agrandie et en ont fait un moulage en bronze de trois mètres de haut. Nous venons d'en vendre deux. Les deux suivantes sont déjà réservées... »

Je n'avais réellement aucune idée de ce dont il pouvait bien parler. Je lui racontai alors ma visite à l'atelier Bob Ross avec Christian Kracht, et les difficultés que nous avions à suivre un cours de peinture.

« Ah, vraiment, dit Reyle, alors il faut que je te montre quelque chose. Avec moi, ça a marché du premier coup... »

Il me conduisit dans son immense réserve de toiles, monta sur une échelle, tout en haut du côté gauche, ses archives étant classées par ordre rigoureusement chronologique, et exhuma deux petits tableaux de l'étagère. Il dut souffler dessus pour enlever la poussière, tant il y avait longtemps qu'il ne les avait pas ressorties. Puis il me les tendit : deux paysages dans le plus pur style Bob Ross ! Un panorama alpestre et une forêt se reflétant dans un lac avec cascade.

« Ce que tu vois là, fit Anselm Reyle tout sourire, je ne l'ai encore jamais montré à personne : les deux premiers tableaux que j'aie jamais réalisés, selon la technique Bob Ross. »

« La clé de toute ton œuvre ! » chuchotai-je, bouleversé.

Puis il jeta un œil sur sa montre-bracelet et murmura quelque chose à propos d'un rendez-vous avec Christian Boros. Nous nous dîmes au revoir, et il me laissa seul dans son immense réserve de toiles.

J'essayai aussitôt de glisser les deux tableaux façon Bob Ross sous mon pull-over, mais ils étaient trop grands. Je retraversai alors d'un pas tranquille l'enfilade de halls et me retrouvai dans le bureau d'accueil. Il fallait encore m'enquérir auprès de la secrétaire de l'adresse de facturation pour ma bibliothèque à chaussures. Tandis qu'elle téléphonait, je lus dans un article qui traînait sur son bureau qu'un tableau de Reyle avait atteint lors d'une vente aux enchères le prix démentiel de trois cent milliards de dollars !

Le soir même, je racontai à Christian Kracht mes aventures à l'usine Reyle. Sur quoi, nous nous assîmes et écrivîmes en une nuit la pièce de théâtre que nous projetions depuis si longtemps. Il en sortit, il n'y a pas d'autres mots, une pièce didactique à la manière de Brecht sur l'art et le capitalisme. Les personnages principaux étaient inspirés sans méprise possible de nous : deux jeunes hommes anxieux et cruels cherchant à tout prix devenir riches et célèbres. À cette différence près qu'eux veulent y parvenir par la voie artistique. Ce en quoi, du reste, ils réussiront.

Nous intitulâmes la pièce *BMW*.

Quand le metteur en scène Stefan Bachmann l'eut entre les mains, il voulut immédiatement la monter au Thalia Theater de Hambourg. Seul le titre lui posait problème, car il était évident que les Bayerische Motoren Werke ne seraient jamais d'accord pour qu'on utilise leur acronyme.

Mais pendant longtemps, il ne nous vint aucune autre idée de titre…

La pièce de théâtre étant enfin écrite, et moi-même ayant entre-temps engagé deux nouveaux collaborateurs pour livrer les bibliothèques à notre place, Kracht et moi eûmes de nouveau beaucoup de temps pour nous.

Farfouillant un matin dans ma bibliothèque pour tromper l'ennui, nous tombâmes par hasard sur un livre de photographies grand format : *L. Ron Hubbard – une chronique de sa vie.*

J'avais reçu ce livre en cadeau quelques années plus tôt à l'antenne hambourgeoise de la scientologie, que j'avais prise par mégarde pour la succursale de ma caisse d'assurance maladie.

Sur la couverture de ce livre était reproduite une photo montrant Ron Hubbard en costume noir, assis à son bureau et manifestement occupé à rédiger ses Mémoires. Il avait une grande plume d'oie blanche dans la main droite, une lourde chaînette en or à son poignet. L'image baignait dans un flou vaporeux, comme dans un rêve. Nous ouvrîmes le livre avec enthousiasme, il était composé des chapitres suivants :

Le Philosophe
Le Philanthrope
Le Pédagogue
Le Manager
Le Chercheur
L'Écrivain
L'Artiste

Chaque chapitre consistait en de courts textes accompagnés de photographies. Dans le chapitre « Le Philanthrope » il y avait par exemple une photo où Hubbard serrait la main à un homme du peuple, reconnaissable à sa casquette. Dans le chapitre « Le Manager » on voyait Hubbard téléphoner derrière un bureau croulant sous les paperasses.

Mais ce qui nous mit au comble de la fascination, ce fut une photographie du chapitre « Le Chercheur » où le jeune Hubbard, casque colonial sur la tête, les mains nonchalamment fourrées dans les poches du pantalon, contemplait plusieurs hommes basanés en train de fouir le sol à coups de pioche et de bêche. En légende était écrit : « À l'âge de vingt et un ans, L. Ron Hubbard conduit une expédition scientifique dans les îles des Indes occidentales, à la recherche d'or et d'autres matières précieuses. »

Le souffle coupé, nous reposâmes le livre. De toute évidence, nous avions affaire à l'un des plus grand génies du XXe siècle !

Nous appelâmes immédiatement les renseignements pour avoir l'adresse du centre de scientologie à Berlin. Nous projetions de leur rendre visite et d'écrire un grand reportage de terrain pour *Der Freund*, le magazine pratique de Kracht.

En route pour l'Otto-Suhr-Allee, nous nous peignions sous les plus éclatantes couleurs notre visite chez les scientologues : « Là-bas, tout est à l'œil ! déclarai-je à Kracht, le livre aussi m'a été donné en cadeau, et même le café était gratuit ! » Kracht se frottait les mains de plaisir : « Peut-être qu'il y aura même un repas gratuit ! »

Rosenthaler Platz, nous rencontrâmes notre ami Franz von Stauffenberg. « Où allez-vous de si bon matin ? » nous demanda-t-il quand Kracht eût baissé la vitre côté passager.

« Au centre de scientologie ! » criâmes-nous fièrement.

« Manger à l'œil, boire à l'œil, prendre des livres à l'œil, tout à l'œil ! Et ensuite, nous écrirons un grand reportage de terrain pour le magazine *Der Freund*. »

« Vous n'êtes pas au courant ? nous demanda Franz en fronçant les sourcils d'un air très sérieux. C'est une secte, qui va vous faire subir un lavage de cerveau. »

« Non, nous l'ignorions, nous écriâmes-nous avec effroi.

« Et gare à vous s'ils découvrent que vous êtes journalistes ! » cria encore Franz derrière nous.

Désarçonnés par cette rencontre, nous poursuivîmes néanmoins notre route.

« Franz a peut-être raison » dit Kracht en me lançant un regard interrogateur, et je m'aperçus qu'il tétait sa pipe bien plus fort que d'habitude.

« Eh bien, nous n'avons qu'à changer de noms, trouvons des anagrammes, dis-je. Et d'autres métiers et d'autres adresses, au cas où ils nous poseraient la question. Et surtout, bien entendu, pas un mot sur le fait que nous écrivons pour le magazine *Der Freund* ! »

« Anagrammes ? » demanda Kracht en tétant nerveusement sa pipe.

« Oui, attends voir, dis-je. Avec les lettres de " Rafael Horzon " on peut former par exemple les noms suivants : Honoré F. Lazar. Ou bien : Harro Zelofan. Ou bien : Hanef R. Zorola ! »

« Harro Zelofan est encore celui qui passe le plus inaperçu, jugea Kracht. Et tu n'auras qu'à dire que tu es papetier, ça te fera un moyen mnémotechnique pour te rappeler ton nom ! »

Le fait est qu'avec " Christian Kracht " on ne pouvait pas former d'aussi bons anagrammes. Mais Kracht finit tout de même par en trouver un : Richart Kantisch.

« D'accord, Richart avec un "t" ça fait un peu bizarre, dit Kracht, mais je me ferai passer pour un Allemand de la Volga. Et comme métier, je dirai : perruquier. Ça me fera un moyen mnémotechnique entre "Kantisch" et "postiche" ».

Entre-temps, nous étions arrivés au centre de scientologie. D'un pas hésitant, nous nous dirigeâmes vers l'entrée.

« Harro Zelofan, papetier » murmurais-je pour m'entraîner.

« Richart Kantisch, perruquier » murmurait Kracht pour s'entraîner.

Dans l'immense hall d'accueil, nous nous assîmes directement sur le canapé devant le grand écran où passait un film sur la vie de Ron Hubbard.

« Espérons que personne ne vienne nous parler » chuchotai-je à l'oreille de Kracht, et à ce moment précis une tête maquillée comme une voiture volée apparut au-dessus de nous. Elle appartenait à une femme qui s'était approchée à pas feutrés derrière nous et proférait à présent d'une voix assez forte : « Bonjour, Messieurs ! »

Nous sursautâmes si fort que nous faillîmes tomber du canapé.

« Espérons qu'elle ne s'aperçoive pas que nous travaillons pour le magazine *Der Freund* », pensai-je encore, et à peine cette pensée m'avait-elle effleuré que la femme contourna le canapé et nous demanda, complice : « Ces messieurs ne sont pas de la presse, j'espère ? »

Je vis trente-six chandelles. « Que le ciel nous assiste ! » pensai-je. « Ils ont scanné nos cerveaux ! » Je regardai Kracht et notai qu'il pensait exactement la même chose que moi.

« Non, non, pensez-vous, la presse » bégaya du moins Kracht, tandis que, bouche cousue, je regardais ailleurs comme un écolier pris sur le fait.

« Bien, bien » dit la scientologue, puis elle s'assit sur une chaise à côté de notre canapé et me regarda dans le blanc des yeux. « Puis-je connaître votre nom et votre profession ? »

J'ai grand-peine à reconstituer ce qui se passa à cet instant dans mon cerveau. Je sais seulement que j'étais fermement résolu à dire : « Harro Zelofan, papetier ». Au lieu de quoi – et je dois avouer que, aujourd'hui encore, malgré mon grand âge, je ne parviens pas à m'expliquer la chose – je dis, ou plutôt je criai, bien trop fort et beaucoup trop vite :

« Rafael Horzon, marchand de meubles et grand reporter pour *Der Freund* ! »

D'horreur, Kracht bondit du canapé et murmura entre ses dents : « Non, mais comment peut-on être aus-si aus-si… »

« Pardon, plaît-il, qu'a dit votre collègue ? s'enquit la scientologue auprès de Kracht. Marchand de meubles ? » Par chance, elle n'avait pas compris la seconde partie de ma sortie accidentelle.

« Oui, marchand de meubles, dit Kracht, soucieux de ne pas éveiller chez la scientologue plus de méfiance qu'il n'était nécessaire, Rafael Horzon est son nom. »

« Horzon, marchand de meubles, répéta la scientologue en griffonnant dans son calepin. Et qui êtes-vous ? » fit-elle en se tournant vers Kracht.

« Christian Kracht, écrivain célèbre, dit Kracht qui se sentait déjà mieux.

« Kracht, écrivain » griffonna la scientologue dans son calepin.

« Bien, poursuivit-elle. Messieurs, permettez-moi avant tout de vous souhaiter chaleureusement la bienvenue chez nous ! »

« Merci beaucoup ! » criâmes-nous en chœur. Le centre de scientologie recommençait à nous plaire.

« La plupart de nos visiteurs, dit à présent la scientologue, viennent chez nous parce qu'ils ne sont pas satisfaits de leur existence. Parce qu'ils ont des problèmes… » Puis elle se tourna vers Kracht : « Qu'aimeriez-vous changer dans votre vie ? Quels sont vos problèmes ? »

Nous ne nous étions évidemment pas préparés à ce genre de questions !

« Des problèmes… hum, oui… » bégaya Kracht, puis son visage s'éclaira car il avait trouvé une réponse : « Je bois de l'alcool en douce ! »

« Alcoolique » écrivit la scientologue dans son calepin en hochant la tête d'un air soucieux.

« Et vous, qu'est-ce qui vous amène chez nous ? » me demanda-t-elle ensuite.

« Je vole en douce… » dis-je.

« Dans les grands magasins ? » s'enquit-elle.

« Oui, mais aussi à la plage ou dans les universités » fis-je dans un excès de zèle.

« Et nous mentons beaucoup tous les deux » croassa Kracht histoire d'en rajouter une couche. Nous étions tellement contents que la scientologue fût si gentille avec nous que nous étions prêts à lui déballer la vérité toute crue.

« Très bien, allons voir cela, dit la scientologue en se levant de sa chaise. Si vous voulez bien me suivre. »

J'attendis qu'elle nous eût tourné le dos pour donner une bourrade à Kracht : « Tu vois, c'est pas si terrible ! » Kracht aussi avait recouvré toute sa bonne humeur.

« J'imagine qu'on va à la cantine ? » demandai-je, trottant dans le dos de la scientologue en me frottant le ventre.

Interdite, elle s'arrêta et se retourna vers nous.

« La cantine ? Plaît-il ? »

« Ben oui, la cantine, expliqua Kracht en tapotant sa montre bracelet avec impatience. Midi ! Tout le monde à table ! »

« Nous n'avons malheureusement pas ce genre de chose, dit la scientologue, je vais vous décevoir… »

« Comment ? s'écria Kracht. Pas de repas gratuits ? » Puis il se tourna vers moi : « Tu avais dit qu'on mangerait à l'œil ! »

« Même pas un petit café ? » demandai-je.

« Non, désolée » dit la scientologue.

« Alors je veux mes livres tout de suite ! » exigea Kracht.

« Vos livres ? » demanda la scientologue.

« Parfaitement, renchéris-je, les livres sur Bob Ross… »

« Ou Ron Hubbard » corrigea Kracht d'un ton professoral.

« C'est ça, Ron Hubbard » fis-je, puis gesticulant à l'intention de la scientologue : « Les livres sur sa vie, comment il a trouvé de l'or aux Indes, et cætera… »

La scientologue nous regarda avec des yeux tout ronds : « Vous voulez parler de notre Library ? À vrai dire, je comptais vous conduire dans la salle d'analyse… mais soit, passons d'abord à la Library… »

Sur le trajet, elle appela par radio un homme de la sécurité. Nous devions lui paraître un peu louches. Le vigile avait une corpulence proche de l'armoire à glace, il portait des lunettes noires et un costume noir et avait à l'oreille un bouton noir qui grésillait.

Nous montâmes tous dans un ascenseur.

« Prennent l'ascenseur » murmura le vigile dans son micro-cravate.

Nous sortîmes au troisième.

« Sortent » murmura le vigile.

Nous pénétrâmes dans la Library.

« Library » murmura l'armoire.

Aussitôt, Kracht et moi nous ruâmes sur les livres aux couleurs les plus criardes et les mîmes en piles sur nos bras.

« Ça y est ! » fîmes-nous quand nos piles furent si hautes qu'elles nous barraient la vue, sur quoi nous nous dirigeâmes vers la sortie. Mais le vigile se mit en travers de notre chemin.

La scientologue accourut : « Euh, vous ne pouvez partir avec ces livres sans les avoir payés, bien sûr... »

« Comment ? s'écria Kraft. Mais ce n'est pas possible ! »

« Problèmes ! » murmura le vigile dans son microphone.

Au même instant, trois vigiles identiques surgirent dans la salle.

« Chez les scientologues de Hambourg tout était gratuit, fulminai-je. Et ici ? D'abord il n'y a rien à manger, ensuite pas de café, et maintenant il faut en plus qu'on paye pour les livres ! »

« Écoutez, je vous propose un arrangement, dit la scientologue. Nous vous soumettons au questionnaire de personnalité, et quand vous l'aurez rempli, chacun de vous recevra ce beau livre en cadeau ! » Ce disant, elle brandit un livre : *Dianétique – L'évolution d'une science.*

« Il y a des photos au moins ? criai-je, un peu plus fort que nécessaire, des photos d'expéditions ? »

La scientologue feuilleta le livre en toute hâte : « Euh... apparemment non. Mais la couverture a été conçue par Ron Hubbard en personne... »

« Bon, d'accord » fîmes-nous, peu satisfaits.

« Mieux vaut *un* livre que *zéro* livre » me susurra Kracht à l'oreille alors que nous suivions la scientologue dans la salle d'analyse.

Le questionnaire *Oxford Personality Analysis* comprenait deux cents questions tout rond.

Au début, cocher les cases nous amusa, et certaines questions étaient vraiment intéressantes. La question 3 par exemple : « Feuilletez-vous sans raison, par pur plaisir, les horaires de trains, les annuaires et les dictionnaires ? »

Ou bien la question 6 : « Vous arrive-t-il d'avoir un tressaillement des muscles sans raison apparente ? »

À la question 30 ou 40, l'ennui nous gagna peu à peu. Je vis du coin de l'œil Kracht qui lorgnait de plus en plus par la fenêtre. Puis tout à coup il se leva, l'ouvrit et jeta son manteau dehors. Suivi de son pull-over.

Le vigile fut là en un clin d'œil et saisit Kracht par le col : « Il y en a un qui se déshabille » murmura-t-il dans son microphone.

« Qu'est-ce que ça veut dire, pourquoi jette-t-il tout par la fenêtre ? » me demandèrent les trois autres vigiles surgis instantanément dans la salle d'analyse.

« L'Ennui » leur expliquai-je avec un regard lourd de sens.

« Lent quoi ? » me demandèrent les vigiles en se grattant la tête avec perplexité.

« Je suis dans l'obligation de vous demander de quitter immédiatement nos locaux » dit la scientologue, qui rappliquait à son tour.

« Et les livres que vous nous avez promis ? » m'enquis-je.

« Ou au moins des autocollants ou des porte-clés ! » cria Kracht.

« Partez ! S'il vous plaît ! » dirent les vigiles en nous refoulant vers la sortie.

Maussades, nous quittâmes le bâtiment et regagnâmes notre voiture. Notre visite à la scientologie ne s'était pas déroulée comme nous l'avions espéré.

Malgré tout, nous intitulâmes notre pièce de théâtre *Hubbard*. Hélas, nous ne parvînmes pas à tomber d'accord avec le Thalia Theater sur la scénographie. Nous songions à une architecture révolutionnaire, Boullée, Ledoux; le Thalia préférait des cabanes en carton-pâte. C'est ainsi que nous dûmes annuler la création. Stefan Bachmann en fut, je crois, plus triste encore que nous, mais malgré tout nous restâmes bons amis.

Je rédigeai seul le reportage de terrain sur notre visite au centre de scientologie, et il n'est sans doute pas exagéré de dire qu'il figure parmi les meilleurs textes du Nouveau Journalisme Allemand. J'eus recours en l'occurrence à une technique textuelle inédite. Mais à part moi, le seul à le remarquer fut mon vieil ami Carl Hegemann. « Techniquement brillant » m'écrivit-il dans un bref courriel quand le texte fut paru dans le magazine *Der Freund*, cinq ans avant que cette méthode ne fît fureur.

CHAPITRE 20

Il était trois heures de l'après-midi. Assis à mon secrétaire, droit comme un cierge et les yeux fermés, je m'efforçais mentalement de faire le rapprochement entre le portrait de la marquise Casati par Man Ray et les deux énoncés « Je est un autre » et « Je suis deux jerricanes ». Je me donnais un mal de chien, mais n'arrivais à rien.

Soudain la sonnerie stridente du téléphone retentit !

M'empourprant, je saisis le combiné.

Friedrich Killinger.

« Friedrich, content de t'entendre, criai-je fébrile dans le combiné. Je t'en prie, rejoins-moi immédiatement au Wannsee ! Sur la plage ! Il faut absolument que je t'explique la théorie des trois bulles ! »

Pendant le trajet, Friedrich Killinger baissa l'autoradio pour mieux s'entendre penser : « Pourquoi le rejoindre immédiatement, pourquoi la plage du Wannsee ? Nous ne sommes qu'en mars ! Et qu'est-ce que cette théorie des trois boules ? Et qu'arrive-t-il à Rafael Horzon ? Il devient de plus en plus difficile de communiquer avec lui, surtout depuis qu'il s'obstine à ne parler qu'en latin… »

Arrivé à la plage du Wannsee, Killinger sauta de son coupé sport, passa, trench-coat au vent, l'entrée non surveillée, puis descendit l'immense escalier qui menait à la plage. De loin, il aperçut Horzon qui arpentait la plage de long en large en gesticulant furieusement. Il tenait dans sa main droite un long bâton avec lequel il dessinait des bulles dans le sable.

« Salve ! » dit Horzon.

« Hello... » dit Killinger en contemplant avec intérêt les figures qu'Horzon avait dessinées sur le sable.

« Io volere spiegare tu teoria di tre bollas » s'écria Horzon, et Killinger eut la nette impression qu'à ces mots Horzon avait adopté l'attitude d'un général romain.

« Pourrais-tu, s'il te plaît, cesser de parler en latin ? demanda Killinger à son comparse. Je n'ai pas beaucoup de temps, je suis attendu chez un promoteur de Dahlem ! »

« Ce n'est pas du latin, c'est du RD-italiano » dis-je, stupéfait de voir Friedrich Killinger devant moi. Je ne l'avais remarqué qu'à l'instant où il m'avait fait face et adressé la parole.

« Bon, qu'est-ce que c'est à la fin que cette théorie des trois boules ? » demanda Killinger en plissant les yeux vers le ciel couvert.

« Théorie des trois *bulles* ! corrigeai-je. Théorie des trois boules irait aussi, d'ailleurs... mais " théorie des trois bulles " est plus parlant, et c'est pourquoi je t'ai fait venir ici, sur la rive, et c'est pourquoi aussi ces trois bulles que tu vois sont en forme de poisson. Pour rendre la chose plus limpide. Plus facile à comprendre... »

« Forme de poisson ? »

« Oui, regarde, dis-je en désignant une bulle très allongée. Cette bulle est très longue, on dirait une anguille. Elle représente la réalité. Et si elle est si longue, c'est parce qu'elle existe depuis très longtemps. Elle suit en effet un axe temporel qui va ici de gauche à droite, tu me suis ? »

« Je te suis » dit Killinger, qui prit son menton dans la main droite en considérant l'anguille avec curiosité.

« Et cette courte bulle au-dessus, le hareng, qui recouvre l'extrémité droite de l'anguille : c'est l'art. »

« Je vois, je vois, dit Killinger, l'art n'existe pas depuis aussi longtemps que la réalité, mais de toute évidence il prend fin en même temps qu'elle... »

« Exact, dis-je. L'art existe sous la forme que nous lui connaissons, autrement dit comme art pour lui-même, depuis seulement grosso modo cinq cents ans. Ses précurseurs, tels que les arts mécaniques, n'étaient qu'un instrument au service du pouvoir des religions ou des rois. Je dirais que la césure a lieu grosso modo autour de 1500, au moment où Albrecht Dürer réalise son autoportrait, encore dans une posture christique, certes, et coiffé comme Jésus, mais il n'en reste pas moins que c'est lui-même qu'il représente. Et c'est aussi le moment où l'art se détache de la bulle de la réalité, de la bulle de l'anguille, pour devenir une bulle autonome. »

« Un hareng » dit Killinger.

« Un hareng » dis-je.

« Et le fait que ces deux bulles prennent fin ici signifie, j'imagine, la fin du monde ? » s'enquit à présent Killinger.

« Non, cela ne signifie pas la fin du monde, dis-je avec un sourire, cela signifie le commencement de la Nouvelle Réalité... »

Et ce faisant, je traçai au-dessus des deux premières bulles, commençant au point même où celles-ci s'arrêtaient, une nouvelle et très longue bulle.

« Là où l'anguille et le hareng s'arrêtent, cette bulle forme une nouvelle réalité, supérieure... » dit Killinger, fasciné, en me regardant tracer dans le sable la bulle de la Nouvelle Réalité.

« Un brochet » dit-il lorsque j'eus terminé.

« Une perche » corrigeai-je.

« Mais dis-moi, pourquoi les deux autres bulles s'arrêtent-elles ? » demanda Killinger.

« Eh bien, dis-je. L'art n'a pas toujours existé, loin de là, et il n'existera pas toujours. Comme tous les phénomènes de ce monde, il connaît un moment d'apogée, au cours duquel il produit une abondance de formes. Et puis, au bout d'un moment, il n'est plus en mesure de développer de formes nouvelles et ne peut que répéter les formes existantes, processus typique de décadence. Alors ce phénomène va se désintégrer peu à peu jusqu'au néant, comme l'Empire romain. »

« Et l'art cède la place à la Nouvelle Réalité, dit Killinger, poursuivant mon exposé, et en même temps, la Nouvelle Réalité constitue le prolongement de la réalité, car elle se révèle être le meilleur système ! »

« Voilà. »

Friedrich avait du mal à dissimuler son enthousiasme. Un sourire béat sur les lèvres, il contemplait le diagramme des trois bulles en se frottant les mains.

C'est alors que survint quelque chose d'inattendu. Killinger cessa de se frotter les mains, il cessa de sourire d'un air béat, son visage blêmit.

« Que se passe-t-il ? m'exclamai-je. Que t'arrive-t-il ? »

« Tu as oublié quelque chose » dit Killinger en me regardant d'un air peiné.

« Plaît-il ? » demandai-je en secouant la tête très lentement, incrédule, le visage tordu par l'angoisse. « Plaît-il ? Oublié quoi ? » Un mélange de colère secrète et de craintes refoulées montait en moi.

« La religion » dit Killinger.

« La religion ? » fis-je décontenancé, et je me sentis comme Faust, Marguerite et le caniche réunis.

« Oui, regarde, dit Killinger, si chacune de ces bulles représente une réalité, alors il manque la bulle de la religion.

Tu ne saurais ignorer que la religion représente elle aussi une réalité en soi... »

Mon visage s'empourpra de fureur. Mes jugulaires commencèrent à gonfler. Mes poings se serrèrent. Mon estomac se noua. Mes paupières se mirent à papilloter. Des gouttes de sueur perlèrent sur mon front. Mon regard s'assombrit. De l'écume coula de la commissure gauche de mes lèvres.

C'était à devenir fou, mais Friedrich Killinger avait raison. J'avais tout bonnement ignoré cette réalité, tant elle m'était étrangère. Mais il avait raison : les religions existaient. Toujours ! Comme si les Lumières n'avaient jamais eu lieu ! Et il ne s'agissait pas d'une poignée d'humains arriérés et butés croupissant dans les coins les plus reculés du monde. Il s'agissait de présidents qui partaient en croisade ! Qui déclaraient des guerres saintes ! La politique ne se jouait plus aux Parlements mais entre les églises, les mosquées et les synagogues. Un son et lumière médiéval où soudain les hommes se définissaient de nouveau par la religion, à l'instar de leurs ennemis. Affreux. Largement aussi affreux que le racisme.

« Bon, dis-je à Friedrich Killinger, tu as raison, je vais ajouter la bulle des religions au diagramme. Elle commencera avant la bulle de l'art car elle prend naissance avec les feux de camps de l'âge de pierre – et c'est aussi là qu'est sa place. Hélas, elle existe encore aujourd'hui. Mais elle aussi prendra fin là où les deux autres bulles prennent fin. Et nous veillerons à ce que toutes les bonnes idées présentes dans chaque religion soient récupérées par la Nouvelle Réalité. Et à ce que tout le reste soit supprimé :

L'obscur.

La morgue.

Le morne.

La bourbe.

L'abêtissement
L'oppression.
Le rétrograde.
La mascarade. »

« Mais comment faire ? » demanda Killinger.

« Nous créerons des Spiritual Centers ! » dis-je, et à cet instant précis le soleil perça la couche nuageuse, inondant toute la terre d'une tendre et riante clarté.

Sans plus nous attarder nous retournâmes à Berlin, et conçûmes en une nuit, assis aux tables carrées de notre bureau REDESIGNDEUTSCHLAND, le prototype des Spiritual Centers qui, une fois les religions abolies, devaient supplanter tous les lieux de culte à l'échelle planétaire. Sous l'ébauche, dominée par un immense carré lumineux fait de plusieurs centaines de tubes de néon, j'écrivis le texte suivant :

> *pour creation de le equilibre entre tous homms* RDD *aspirer abolition de tous religions et remplacement de tous lieus de culte a echel mondial par spiritual centers.*

Nous mîmes deux mois pour réaliser le prototype. Enfin, une nuit, l'immense paroi lumineuse se dressa devant nous, plongeant notre bureau dans une lumière éblouissante. Le carré lumineux symbolisait naturellement la lumière des Lumières. Les hommes étaient conviés à se rassembler devant lui pour formuler de bonnes pensées. Je pus observer bientôt sur moi-même l'incroyable efficacité de cette grandiose invention : un soir que j'étais assis seul devant la paroi lumineuse, contemplant la lumière des Lumières, j'inventai en une seconde à peine le principe de la musique unitonique, sur la base duquel je composai cette nuit même la RDD-sinfoni 01, une note de cent hertz qui durait cent heures. Je demandai aussitôt à notre ingénieur du son, Stefan Mose, d'en faire la réalisation sonore.

Lorsque notre bureau fêta son deux millième jour d'existence, nous donnâmes la symphonie devant la façade du Spiritual Center. Le public ne se possédait plus de ferveur.

« Si tous les hommes pensaient et agissaient comme nous, dis-je à Friedrich Killinger, ce monde serait meilleur. Dans ce monde tout serait intéressant, nouveau et extraordinaire. Ce monde-là serait la Nouvelle Réalité. »

CHAPITRE 21

Il était trois heures de l'après-midi. Assis droit comme un cierge, les yeux écarquillés, devant l'écran lumineux du Spiritual Center, je m'efforçais de faire mentalement le rapprochement entre « Aude sapere » et les deux énoncés eschatologiques « Plus de lumière ! » et « Le dernier qui sort éteint ! » Je me donnais un mal de chien, mais n'arrivais à rien.

Soudain la sonnerie stridente du téléphone retentit !

Blêmissant, je saisis le combiné.

Service des douanes de l'aéroport de Tegel.

« Connaissez-vous un certain Dr David Woodard ? » brailla l'inspecteur des douanes dans le combiné.

« Oui, je le connais ! » répliquai-je. Le chercheur américain s'était proposé de donner une conférence sur la jungle paraguayenne à l'Académie des sciences de Berlin.

« Dans ce cas, venez immédiatement à l'aéroport ! » brailla l'inspecteur des douanes. « Nous avons saisi cent kilos de maté dans les bagages du Dr Woodard. Vous devez vous porter personnellement garant du Dr Woodard afin d'éviter sa reconduite imminente au Paraguay ! »

Pendant le trajet, Rafael Horzon baissa l'autoradio pour mieux s'entendre penser : « Pourquoi venir immédiatement, pourquoi à l'aéroport de Tegel ? Nous ne sommes qu'en mars ! Et qu'est-ce que cette histoire de Maïté ? Et que se passe-t-il avec David Woodard ? Il devient de plus en plus difficile de communiquer avec lui, surtout depuis qu'il s'obstine à ne parler qu'en français... »

À l'aéroport de Tegel, Horzon descendit de son coupé sport, franchit, trench-coat au vent, l'entrée dûment surveillée, puis descendit l'immense escalier jusqu'au service des douanes. De loin, il aperçut Woodard assis, presque immobile, derrière la grille du poste de douane. Il tenait dans sa main droite un long bâton avec lequel, perdu dans ses pensées, il tapotait le sol.

« Bonjour ! » dit Woodard en apercevant Horzon.

« Salve... » dit Horzon en contemplant avec intérêt les douaniers qui se pressaient, perplexes, autour d'une table vide.

« C'est inexplicable ! » s'exclama l'un d'eux et Horzon eut la très nette impression qu'à ces mots le douanier avait adopté l'attitude typique de l'inspecteur des douanes désemparé.

« Pourriez-vous cesser, je vous prie, de parler par énigmes ? lui lança Horzon d'un ton rude. Je n'ai pas beaucoup de temps, je suis attendu chez un négociant en bois de Dahlem ! »

« Il n'y a plus de valise, là où il y en avait une il y a une seconde, dit l'inspecteur des douanes, considérant avec stupéfaction la table vide devant lui. Nous ne l'avions remarquée qu'à l'instant où le Dr Woodard s'était mis à nous baratiner. Et elle était pleine de maté ! »

« Bon, qu'est-ce c'est que cette histoire de Maïté ? » demanda Horzon en plissant les yeux vers le plafond.

« Maté ! corrigea l'inspecteur. Allez savoir qui est cette Maïté... le maté, quant à lui, est une infusion qui tombe sous la législation sur les acquits d'entrée, c'est pourquoi je vous ai mandé d'urgence au service des douanes ! Et c'est pourquoi mes trois collègues que vous voyez ici portent aussi l'uniforme ! Pour rendre la chose plus limpide. Plus facile à comprendre… »

« Législation sur les acquits d'entrée ? Pour une infusion ? » s'étonna Horzon.

« Oui, regardez, dit l'inspecteur des douanes en désignant la table parfaitement vide. Cette valise est tout à fait pleine. Pleine de maté. Du maté en veux-tu, en voilà ! Une infraction est une infraction. Bien qu'il me faille avouer que la valise n'est plus là. En effet, elle n'est plus sur cette table qui s'étend de votre droite à votre gauche, vous me suivez? »

« Je vous suis » dit Horzon, qui prit son menton dans la main droite en considérant l'inspecteur des douanes avec curiosité.

« Et cette planche, poursuivit l'inspecteur, sur laquelle la valise était posée avant sa disparition, c'est une table. »

« Je vois, je vois, dit Horzon, la table existe encore, la valise nonobstant n'existe plus. Et avec elle disparaît simultanément le motif qui vous fait retenir ici le Dr Woodard. »

« Exact » dit l'inspecteur des douanes, « le motif n'existe plus. »

« Ce qui signe la fin de notre conversation ! » s'écria Horzon.

Et à ces mots – car le moment semble venu de mettre fin à ce formidable capriccio – je saisis le Dr Woodard par le bras et passai avec lui la sortie dûment surveillée de l'aéroport.

« Mais alors, où est votre valise ? » demandai-je à Woodard tandis que nous nous dirigions vers ma voiture. Ce faisant je remarquai que Woodard ne bougeait pas ses jambes, mais semblait glisser à mes côtés sur l'asphalte du parking comme sur un tapis roulant.

« La valise se trouve déjà dans vostre véhicule » répondit Woodard dans un ancien français des plus châtiés. Et il me lança un regard pénétrant, sa pupille droite ratant ma tempe droite, sa pupille gauche manquant ma tempe gauche.

Pris au jeu, je me mis à rire et décidai d'emboîter le pas à la plaisanterie de Woodard. J'allai donc vers le coffre, dont je savais qu'il était vide, pour l'ouvrir brusquement et m'exclamer en surjouant la surprise : « Boudiou ! Mais oui, votre valise y est ! » Cette phrase resta bloquée dans ma gorge. Car au moment d'ouvrir le coffre, m'apprêtant à m'esclaffer, que vis-je ? La valise de Woodard ! Un flot de sang bouillant me monta au cerveau jusqu'au-dessous de la racine des cheveux. J'ouvris précipitamment la valise, elle était pleine de maté ! Cent paquets d'un kilo ! Sur chaque paquet une étiquette : « Maté Elisabeth Fœrster-Nietzsche » !

Je me sentais comme sur un récif escarpé, la nuit tout autour de moi. Tremblant, je me tournai vers Woodard pour lui montrer la valise et exiger une explication. Mais Woodard avait disparu.

À cet instant précis, on sonna à la porte. Je sursautai sur ma méridienne et une pile de manuels de physique, que j'avais étudiés avant de m'assoupir, dégringola par terre.

Je bondis sur la porte et l'ouvris à toute volée. Sur le seuil : David Woodard.

« Hi, I am David Woodard » dit David Woodard en toute logique, et sans plus attendre nous nous mîmes en chemin vers l'Académie des sciences de Berlin, où quelques minutes plus tard devait débuter la conférence de Woodard sur la jungle paraguayenne.

Qui était ce Dr Woodard ? Selon mes sources, il s'était fait élire quelques années auparavant maire de Juniper Hills, bourgade de l'Ouest des États-Unis, après avoir exécuté avec son orchestre de chambre, avant les élections du conseil, un hymne à Juniper Hills composé de sa main.

Peu de temps et quelques décisions erronées aux conséquences désastreuses plus tard, par lesquelles le maire Woodard avait conduit la ville au bord de la ruine, celui-ci fut chassé de son poste et s'enfuit au Paraguay.

Là-bas, il partit à la recherche de la colonie Nueva Germania, qui avait été fondée cent vingt ans plus tôt par la peu sympathique sœur de Friedrich Nietzsche, Elisabeth Förster-Nietzsche, et son encore moins sympathique mari Bernhard Förster afin d'en faire la pépinière de l'homme germanique nouveau. Le couple Förster avait à cet effet expédié dans la jungle quelques douzaines d'innocentes familles allemandes tombées dans l'indigence, jungle dans laquelle elles furent du reste décimées peu après par des maladies tropicales. Bernhard Förster mit fin à ses jours devenus ineptes avec son arme de service, Elisabeth Nietzsche retourna en Allemagne pour s'occuper de son frère végétatif et, au passage, falsifier à ce point le sens de ses écrits que Nietzsche finit par être lu comme un scénario de Riefenstahl.

Reste que quelques-unes des familles allemandes abandonnées dans la jungle avaient survécu et croupissaient encore dans des conditions indescriptibles à Nueva Germania. David Woodard les avait dénichées et avait élaboré un plan pour améliorer leur situation.

Premièrement, grâce au maté Elisabeth Fœrster-Nietzsche, qu'il avait produit à Nueva Germania et comptait vendre à présent à l'Académie des sciences de Berlin.

Deuxièmement, grâce à une usine implantée à Nueva Germania, où devaient être produites des Dreamachines. Ces dernières avaient été inventées par Brion Gysin, et

Woodard en avait déjà fabriqué avec William S. Burroughs peu avant la mort de celui-ci dans les années 1990. À l'Académie des sciences, il présenta une photographie qui les montrait, lui et Burroughs, fixant des yeux la lumière vacillante du cylindre de la Dreamachine. Cette machine était constituée d'un coffre en bois surplombé d'un cylindre en cuivre rotatif perforé, au centre duquel était placée une lampe. Un temps d'exposition suffisamment long à cette lumière intermittente était censé produire chez l'observateur une altération de la conscience.

Troisièmement, enhardi par le succès de son hymne à Juniper Hills, Woodard avait composé un second hymne, dédié cette fois à la jungle de Nueva Germania, un choral de quinze minutes qu'il exécuta au cours de son séminaire – moment qui devait rester comme les quinze plus longues minutes de toute l'histoire de l'Académie des sciences.

Peu importe, j'ai toujours suivi les projets de Woodard avec une grande curiosité. Et c'est avec un vrai plaisir que je lui donnai un coup de main lorsqu'il entreprit de fabriquer dans mon usine de meubles deux Wishing Machines, selon son appellation, bien que lesdites machines s'appuyassent sur un concept, il faut bien le dire, à la limite du scientifique. Il m'avait toujours semblé que ses projets avaient toute leur place dans la Nouvelle Réalité. Mais un fait les rendit définitivement et absolument impropres à ce cadre cosmologique: au bout d'un certain temps, Woodard déclara qu'il faisait des œuvres d'art et commença à les exposer dans les musées et les galeries.

Reste que mes rencontres avec Woodard ont toujours été pour moi très enrichissantes: parce qu'il était d'un savoir-vivre achevé, et parce qu'il fait partie des rares personnes que je n'ai jamais *comprises*.

Au demeurant, je fus bien plus affecté encore lorsque Ingo Niermann déclara du jour au lendemain qu'il faisait de l'art. J'avais lu avec enthousiasme ses livres *Minusvisionen* et *Umbauland*, ainsi que *Metan*, qu'il avait écrit en collaboration avec Christian Kracht. Et son idée de Grande Pyramide, élaborée avec un ancien maître de conférences de l'Académie des sciences, Jens Thiel, mérite, par la munificence de sa largeur d'esprit, d'être considéré comme un modèle à suivre. Car il s'agissait, pas moins, du projet d'ériger dans le Brandebourg la plus grande pyramide du monde. Pour moi la quintessence absolue de la Nouvelle Réalité ! Niermann, du reste, partageait mon avis.

Et puis un jour : la rupture.

Elle survint de manière parfaitement inattendue, sous forme d'une annonce d'exposition : « Ingo Niermann présente ses œuvres dans la galerie Machin ».

J'étais choqué. Je l'appelai sur-le-champ : « Mais enfin, il y a quelques jours encore nous causions de la Troisième Voie et de la Nouvelle Réalité, et maintenant je lis que tu vas exposer ! Dans une galerie ! Tu dois décommander immédiatement ! »

Ingo Niermann se contenta de rire gentiment. Plus tard, il m'envoya un courriel. Notre dispute, écrivait-il, n'avait d'égale que la controverse entre Habermas et Luhmann. Je ne donnai aucune suite. J'étais trop triste. De nouveau, j'étais quasi seul.

« Et alors ? » me demanda mon ami le philosophe danois Rasmus Hansen quand je lui eus raconté, déconfit, le projet insensé de Niermann. « Pourquoi ne goûterais-tu pas plutôt ce biscuit que je viens de préparer ? »

Rasmus T. Hansen comptait parmi les nombreuses figures prometteuses qui vinrent s'installer à Berlin au cours de ces années-là. Dans sa jeunesse, il avait été navigateur professionnel, et il semble aussi avoir travaillé comme négociant à Hong Kong pendant quelques années. À peine établi à Berlin, il échafauda une quantité impressionnante d'idées d'affaire : quand sa grande chienne – un ridgeback rhodésien comme Ben, le superclebs de Joy Wagner – eut des petits, il projeta de concurrencer le braque de Weimar en créant le braque de Berlin. Le père de ces élégants chiens noirs étant malheureusement inconnu, ce projet dut être écarté. Il tâta de la porcelaine. Autant que je sache, je fus le seul à lui avoir jamais acheté une pile de ses assiettes carrées cuites au Portugal. Puis il fut obsédé par l'idée d'atteindre la perfection du biscuit. Durant des mois, il pétrit pâte sur pâte, aucune ne lui semblait assez parfaite. Hansen tint aussi pendant un temps un magasin dans la Rosa-Luxemburg-Strasse, dans lequel il se mit en tête de vendre des lampes danoises à un prix hallucinant. Lorsqu'enfin il se découvrit des pouvoirs de guérisseur, il se mit à vendre de l'eau du robinet bénite. Sur les bouteilles il colla des étiquettes imprimées « Eau sainte du Robinet ». Une nuit, après l'échec de cette nouvelle idée d'affaire, Rasmus Hansen quitta Berlin, partit en Grèce, se fit appeler Erasmos et rédigea en à peine quelques semaines un ouvrage de mille pages sur la « Nothingness ». Aujourd'hui encore, malgré mon grand âge, je ne m'explique pas comment il put produire en si peu de temps une œuvre si titanesque, dont je n'ai d'ailleurs pas compris un traître mot. Mais n'étant pas certain qu'Erasmos Hansen ne fût pas le nouveau Kierkegaard, je lui proposai immédiatement de publier son livre.

En un mot comme en cent : « Et alors ? dit Rasmus Hansen, les crocs de neuf ou dix chiots noirs plantés dans les jambes de son pantalon. La Nouvelle Réalité finira par venir d'une manière ou d'une autre. Elle viendra. Et avec elle la liberté. »

CHAPITRE 22

L'eau tiède, dans un doux clapotis, baignait le sable blanc de la plage, léchant son corps immaculé. « Quelle beauté » pensa-t-il, si tant est qu'il eût encore la faculté de penser et ne fût pas un simple réceptacle du bonheur, parce que décervelé. « Ce doit être aussi beau quand le grand spectacle est fini et que le rideau *tombe* pour la toute dernière fois… Comme c'est chaud. Délicieusement chaud. L'eau est chaude, l'air est chaud, le sable est chaud, le Soleil est… »

À cet endroit, son cerveau se réenclencha, mais ce n'était pas désagréable, car il n'y avait rien de nouveau à penser, il n'y avait qu'à se répéter :

« le Soleil est… froid… – mais il nous réchauffe, nous, et l'eau et l'air aussi, et le sable et les pierres et les coquillages et ces grandes et longues feuilles en forme d'éventail qui pendent jusqu'au sable fin. » Et ensuite il pensa, et ses lèvres souriantes formèrent les mots qui hantaient son esprit, lentement, comme au ralenti :

« Tarte aux pommes. Tarte aux pommes. Tarte aux pommes… »

Un peu plus haut, en amont de la plage, il vit sous les feuilles en forme d'éventail une drôle de chaise posée dans le sable, que les indigènes avaient fabriquée en clouant des lattes de bois.

« Drôle de chaise, pas vrai ? » dit une voix à côté de lui, Martin Klosterfelde, le brillant galeriste berlinois, que le hasard avait jeté sur la même île du Pacifique, sur la même plage, là où donc se trouvait cette drôle de chaise.

« Oui, vraiment, dis-je, drôle de chaise ! Faite de lattes de bois clouées... comme un cageot de fruits... comme un cageot de fruits... » et repensai ces mots exquis :

« Tarte aux pommes. Tarte aux pommes. Tarte aux pommes... »

Nous grimpâmes aussitôt dans la pirogue avec notre ribambelle d'enfants et fûmes conduits à toutes rames vers l'île voisine où nous attendaient nos bagages. À mi-parcours, au milieu de l'océan, nous fûmes surpris par un cyclone. Le salon était cul sens dessus-dessous, l'eau déferlait dans les cuisines, il fallut arrimer le piano par de lourds cordages car il menaçait d'écraser les passagers. Le capitaine, qui avait servi sous Joseph Conrad, fit filer l'ancre. Les crêtes écumantes se brisaient contre les dalots. Puis le hunier fut hissé à double ris.

« Amenez la vergue ! Amenez la vergue ! » criai-je à la face de l'ouragan hurlant, tandis que les embruns me fouettaient le visage.

« Neuf glas à bâbord amure, cria Martin Klosterfelde, claquant sa main sur son poing pour la masser, neuf glas à bâbord amure, empannage, empannage ! »

Presque jusqu'au moment d'atteindre enfin et pour de bon la rive, je fus malade d'une insondable inquiétude. Il fallut attendre que nous eussions foulé l'embarcadère en bois qui résonnait sous nos pas, les porteurs derrière nous, les bras chargés de bâtons, d'épées et de manteaux, sous le grand auvent déployé au-dessus des oiseaux d'argent, pour qu'enfin je sentisse ma tension retomber. Et tandis que nous attendions le décollage, je goûtai au premier moment de joie insouciante.

Je cogitai tout au long du vol.

Cela faisait bientôt dix ans que j'avais fondé l'Académie des sciences de Berlin. Or entre-temps j'avais pris le pli de penser en décimales, si bien que j'arrivai à cette déduction logique, la seule raisonnable qui fût : le jour du dixième anniversaire de la fondation de l'Académie, l'Académie devait impérativement fermer ses portes. Après tout, il n'était pas question de répéter toujours la même idée ; non, il s'agissait de donner un exemple et une direction. Ce qui était fait.

Je bavardai encore un moment avec Martin Klosterfelde de notre projet d'ouvrir à Rönnebeck, une localité du Brandebourg Nord Sud-Ouest idéalement reliée, un aéroport international. Je passai le reste du vol dans un demi-sommeil réparateur, et de nouveau dans ma tête tournaient en boucle ces mots si doux à entendre :

« Tarte aux pommes. Tarte aux pommes. Tarte aux pommes… »

Six mois plus tôt, juillet 2006, aéroport militaire de Schönefeld, Pologne occidentale :

C'est un Hans Ulrich Obrist visiblement à bout de nerfs qui vient à ma rencontre après avoir passé le poste de douane : « Rafael Horzon ? Hum, hum, bonjour, Obrist… »

Je lui explique que le S-Bahn n'est qu'à environ dix

kilomètres à pied de l'aéroport, et que nous pourrons donc être à Berlin-Mitte dans trois heures.

Obrist sort de ses gonds : « Il n'en est pas question, nous prenons un taxi ! »

Je n'étais évidemment pas totalement étranger à sa mauvaise humeur. Par mesure d'économie, j'avais réservé un vol Londres-Berlin pour quatre-vingt-quinze centimes. Le vol à bord du coucou ancestral – d'après la description d'Obrist, il s'agissait probablement d'un Junkers Ju 52 – avait duré plus de dix-neuf heures. Et à présent nous étions là, dans la chaleur torride de juillet, sur le tarmac de l'aéroport militaire de Schönefeld, Pologne occidentale, et pour parfaire le tout je proposais de prendre le S-Bahn !

Pendant l'heure que dura le trajet en taxi pour Berlin, Obrist téléphona en sept langues, écrivit parallèlement une conférence et visionna une pile d'interviews vidéo qu'il avait enregistrées peu avant. C'est peu dire qu'il ne faillit pas à sa réputation d'être l'un des cinq esprits les plus puissants d'Europe.

Quelques mois plus tôt, j'avais pris la décision de n'engager à l'Académie des sciences que des conférenciers de génie pour le cursus de théorie de l'architecture. L'architecte Markus Miessen m'avait conseillé Obrist, qui chaque année faisait construire par un architecte célèbre un nouveau pavillon dans le parc de sa galerie londonienne. Par ailleurs, il avait réalisé des interviews vidéo des vingt ou trente plus grands architectes du monde.

« Laissez-moi vous dire, se plaignait Obrist à présent, que je n'ai encore jamais vu pareilles méthodes dans aucune école supérieure ! Si j'ai accepté votre invitation, c'est uniquement parce que j'ai su qu'un certain nombre de mes amis ont déjà dispensé des cours dans votre établissement. »

« Oui, je suis désolé pour ce vol pénible et vous remercie beaucoup d'être venu malgré tout ! » dis-je.

« Bref, j'ai procédé à quelques petites recherches, poursuivit Obrist tout en m'observant du coin de l'œil, et pour parler franchement, je n'ai pas très bien saisi quelle sorte de profession est la vôtre. Vous semblez toucher un peu à tout ! »

« Hum, oui, murmurai-je. Peut-être connaissez-vous la phrase de Marcel Duchamp : Peut-on faire des œuvres qui ne soient pas d'art ? »

« Certainement » dit Obrist. « Et la réponse est naturellement : non ! »

« Détrompez-vous » dis-je, « la réponse est : oui. Voilà en gros mon métier : faire des choses intéressantes qui ne soient pas de l'art. »

Obrist se montra soudain beaucoup plus amène.

En deux ou trois phrases, je lui présentai la Troisième Voie et la Nouvelle Réalité.

« Si je comprends bien, la Nouvelle Réalité survient par cet acte qui consiste à faire des choses intéressantes qui ne soient pas de l'art ? » s'enquit Obrist.

« Vous y êtes. »

Obrist était si emballé par cette théorie nouvelle qu'il voulut aussitôt annuler sa conférence à l'Académie pour réaliser une interview vidéo avec moi. J'étais paniqué par cette idée. « Et puis, un grand nombre d'étudiants se sont déjà inscrits pour votre conférence, impossible d'annuler maintenant ! »

La conférence fut un immense succès. Obrist montra une interview vidéo d'Eric Hobsbawm, puis d'O. M. Ungers, puis il présenta les pavillons conçus dans Hyde Park par Zaha Hadid, Daniel Libeskind, Oskar Niemeyer et Rem Koolhaas. Ce fut l'un des séminaires les plus instructifs qui eussent jamais eu lieu à l'Académie des sciences.

Huit mois plus tard, mars 2007, ouverture du restaurant Grill Royal, *Berlin :*

Le raffinement avec lequel, quelques années plus tôt, Boris Radczun et moi avions mis au point notre projet de chaîne de restaurants Pays Poulet n'avait pas échappé à la sagacité de Stephan Landwehr et de Thilo von Wermke. Le professionnalisme dont nous avions fait preuve alors leur avait laissé une profonde impression. À présent qu'ils projetaient à leur tour d'ouvrir un restaurant, ils demandèrent à Boris Radczun de se charger de l'organisation générale.

Le soir de l'inauguration, j'étais si calme et détendu que ma main flasque laissa échapper la flûte de champagne que Stephan Landwehr me tendait en guise de bienvenue, et qui percuta le plancher dans un tintement sonore.

Jadis, il m'aurait fallu trois ou quatre jours pour me remettre d'un tel accident.

Mais ces derniers temps j'étais devenu très décontracté. « Verre cassé, bonheur assuré » déclarai-je à Stephan Landwehr. Et de fait : trois jours plus tard, le Grill Royal passait pour être le meilleur restaurant du monde.

Juin 2007, dernière conférence de l'Académie des sciences de Berlin et ouverture de la MAISON DE LA TARTE AUX POMMES *:*

À peine étions-nous revenus des îles du Pacifique que je m'étais déjà attelé à la fabrication d'une chaise dotée de trente et une baguettes exactement, toutes de la même longueur. Résultat renversant. Je conçus aussitôt une chaise plus belle encore, dotée de quarante et une baguettes exactement, toutes de la même longueur. Quelques semaines plus tard, j'ouvrais la MAISON DE LA TARTE AUX POMMES, où je comptais bien vendre ces chaises à la saisissante beauté formelle. Erasmos Hansen, à l'époque encore connu sous le nom de Rasmus Hansen, concocta pour l'inauguration quinze tartes aux pommes. Aucune chaise ne fut vendue.

Décembre 2007, ouverture du commerce de ventilation SYSTEME VENTILE*:*

À peine la Maison de la tarte aux pommes se fut-elle révélée un épouvantable fiasco, que je commençai à m'intéresser à la construction des installations de ventilation. Et j'ouvris dans la foulée le commerce de ventilation SYSTEME VENTILE. Le volet technique fut pris en charge par Friedrich Killinger. Les premières commandes affluèrent immédiatement. Dans l'exacte proportion où je cessai de m'intéresser à l'argent, celui-ci jaillissait telle une source intarissable. Terrifié, je fermai le magasin de ventilation et ouvris un commerce de nouilles en gros baptisé NOODLE HORZON.

Juillet 2008, gala pour les dix ans de MOEBEL HORZON *dans le palais du Kronprinz sur Unter den Linden:*

Il était tard dans la nuit quand le groupe se dispersa. Je me souvins d'une forêt aux couleurs fin d'automne. Enfant, j'étais assis sur un luxuriant feuillage bigarré qui faisait comme un tapis multicolore. Les cimes des montagnes, tel un feu de joie, scintillaient dans leur manteaux de glace et de neige. La plaine au vert le plus tendre riait. Le lointain se parait de toutes les nuances de bleu, et d'innombrables fanions de toutes les couleurs flottaient au vent venu de l'obscurité de la mer. Le mystère de ce temps s'est profondément gravé dans notre mémoire. Lorsqu'on s'allonge et ferme les yeux, les souvenirs reviennent.

CHAPITRE 23

Au beau milieu de la nuit je me réveille. J'écoute un peu, tous respirent paisiblement, même les petits bouts de chou. Sans faire de bruit, je m'habille et glisse à pas de loup par la porte d'entrée. Dehors, il fait chaud. Je me sens léger.

Je longe un temps la large rue, il fait bon marcher. Puis je m'aperçois que la rue descend toujours plus, et tout au bout, là où les réverbères apparaissent minuscules, des flammes s'élèvent. Vite, je tourne et m'engage dans un petit chemin qui monte à travers champs. J'arrive au bord d'un gouffre rocheux, j'escalade des pierres moussues. Plus je monte, plus la forêt s'éclaircit. Au fond d'une prairie, j'avise un brisant, et dans ce brisant une ouverture. L'entrée d'une grotte. J'entre, tout resplendit de clarté lumineuse. Les parois de la grotte sont recouvertes d'un liquide chaud qui s'écoule jusqu'au sol, formant un lac scintillant. J'y trempe ma main et goûte : c'est bon, pensé-je, c'est bon !

J'éprouve une soudaine envie de nager, mais m'aperçois que j'ai oublié mon maillot de bain. Sur l'autre rive du lac, je distingue un divan. Un vieil homme s'y repose, le maître nageur probablement. Ses cheveux sont peignés en arrière, les yeux enfoncés dans leurs orbites sous d'épais sourcils broussailleux, sa moustache est gigantesque. Je m'approche. Il somnole. Longtemps j'attends, dans le calme.

« Salut l'ami » dit-il soudain, tout bas.

« Excusez-moi, je ne voulais pas déranger, mais j'ai fini… tout est fini… »

« Bien, bien, je t'attendais. Tu viens chercher ton bulletin… »

« Oui, c'est ça, comment étais-je ? Pas trop bêta ? »

« Rien ne réussit sans une part d'exubérance. »

« Crépuscule des idoles ! » dis-je.

« Exact… » acquiesce-t-il.

« Était-ce intéressant ? »

« Intéressant, oui. Et maintenant : es-tu libre ? libre dans ta tête ? »

« Libre, oui » dis-je.

« Sans souffrances ? »

« Nulle souffrance. Nul souci. »

« Sort enviable. Je ne suis pas si bien loti… Savoir, c'est voir noir… »

Ses paupières s'abaissent de fatigue. Il relève un peu la tête, qui retombe aussitôt. Puis ses yeux s'entrouvrent et se ferment à nouveau.

« La libre pensée » dit-il lentement. « La libre pâtée… » La suite évoque un tourne-disque qu'on aurait éteint au milieu d'une phrase : « La libre pâtée… La libre pâtée… La libre pââââââââtéééééééééeeeeee… »

Je pose très précautionneusement ma main sur son épaule en guise d'adieu, puis je poursuis ma route.

Signora Sarasate volette au-dessus de ma tête. Aujourd'hui sous la forme d'une femme très belle, très nue :

« Vous aimez les pommes vermeilles
Depuis le temps du paradis ?
Sur l'honneur, je m'en réjouis,
Mon jardin en a de pareilles. »

Ce disant, elle se penche sur moi, comme pour s'assurer que le sens profond de ses vers ne m'échappera pas.

« Désolé, dis-je, mais je sais déjà tout. Et puis, je suis marié ! »

Signora Sarasate fait volte-face, s'immobilise dans les airs à quelque neuf mètres de moi, puis, dans un tout petit *pop*, s'évanouit en fumée.

Stupéfait et soulagé, je poursuis mon chemin : « À nouveau, personne ne voudra me croire quand je raconterai cette histoire à mes amis du club » me dis-je.

Des rochers bleu sombre aux veines multicolores se dressent à bonne distance. Mais je suis attiré irrésistiblement par un carré lumineux perché dans les hauteurs. M'approchant, je distingue une ouverture dans la grotte, par où pénètre la blanche lumière du jour. L'ouverture s'élargit, le ciel tout entier se déploie sous mes yeux. Me voici à l'air libre. La lumière est plus claire et plus douce que d'habitude. Je poursuis mon ascension. Je monte à pic, mais sans effort.

Je sens du soleil
Le flot rajeunissant
En baume, en éther
Se transforme mon sang.

L'air est rare. Il va se raréfiant. Me voilà tout en haut.

Au-dessus de moi rien. En dessous de moi rien. Autour tout est blanc.

Je me sens léger.
Je suis sans peur.
Me voilà libre.

Exegi monumentum aere perennius.

J'ai érigé un monument
plus durable que l'airain.

Horaz

À ma famille

ACHEVÉ D'IMPRIMER N° 25
berlin - paris - ulm
depot legal – juillet 2011 / 003846.450402
attila fabrique livre plus fort pour vie plus bon